L'ESPRIT

DE LA

RÉVOLUTION FRANÇAISE.

Par M. J.....

Prix 40 sols franc de port.

A PARIS,

DE L'IMPRIMERIE DE GUERBART,
rue du Battoir, S. André-des-Arts, n.° 8.

1797.

AVIS.

L'on trouve chez le même Libraire les deux Ouvrages suivans.

Rapport fait au Conseil d'Etat de Louis XVIII, par M. de Montyon, Chancelier de M. le Comte d'Artois, volume de 304 pages, 3 livres franc de port.

Campagnes du Général Pichegru, aux Armées de Sambre et Meuse, tirée des livres d'ordre de ces deux Armées. Prix 3 livres franc de port.

PRÉFACE.

Si non fata deûm, si mens non lœva fuisset,
Gallia nunc stares....

UN léger nuage qui ne paroît que comme
un point dans l'immensité des cieux, est cependant l'avant-coureur des plus grandes calamités. Un homme que l'on connoit à peine dans
l'immense population d'un Empire, est cependant celui qui doit le bouleverser jusque dans
ses fondemens. Les ouragans, les volcans et les
tempêtes sont les contractions de la nature délirante, comme les combats, les villes prises
d'assaut sont les contractions de l'humanité en
fureur. Les révolutions sur la terre ne tiennent
qu'à un fil, et à l'existence de deux ou trois
hommes. Si Mirabeau avoit été pendu à Londres, ainsi qu'il le méritoit, la nôtre n'auroit
peut-être pas eu lieu. Sous Charles I., Cromwel de société avec Hambden, et un autre personnage dont le nom ne se présente pas à ma
mémoire, un peu avant la fameuse taxe des
vaisseaux, étoit sur le point de quitter sa
patrie et de s'embarquer pour l'Amérique,
lorsque les ordres de ce Prince arrivèrent
pour s'opposer au départ, et retinrent de cette
manière celui qui devoit être son bourreau.
Notre but, si ce foible essai pouvoit ne pas dé-

iv

plaire au public , seroit dans un ouvrage plus
considérable et qui répondît mieux à l'impor-
tance et à l'idée du titre , de nous attacher davantage au développement des causes , de
donner plus de consistance et de solidité à
l'ensemble des preuves , d'observer un ordre
plus méthodique , et de ne faire qu'un seul et
même cadre des deux révolutions de France
et d'Angleterre. Jusques dans les dénominations de parti à parti, les deux Peuples se ressemblent pour le ridicule et l'originalité. Celle
de sans-culottes parmi nous étoit aussi et même
plus expressive que celle de têtes-rondes (*)
donnée à la populace de Londres , par une
allusion méprisante , dit M. Hume , aux cheveux écourtés qu'elle portoit alors. Pym ;
Hambden , Torode , tous ceux qui avoient ,
au commencement, brillé avec tant d'éclat
par leur éloquence , ne recueillirent point les
fruits de leur zèle et de leur gloire ; Hambden
comme notre Mirabeau , mourut , mais les
armes à la main, au moment qu'il étoit le plus
chéri des Parlementaires , et causa par sa
mort le même deuil parmi eux , que celle de
Mirabeau en causa parmi les Constitutionnels
de 91. La Révolution anglaise fut aussi comme

____

(*) Round-heads.

Saturne , elle dévora ses propres enfans. Les Essex , les Manchester , les Massey furent obligés de quitter la scène pour céder leurs places aux Cromwel, aux Fairfax et aux Ireton qui , dans l'origine des troubles , n'étoient rien. L'intrépide dévouement de Montrose en Ecosse , ses combats , ses courses , son caractère pourroient nous offrir quelques points de comparaison avec la conduite militaire de Charrette dans la Vendée. Nous n'ignorons pas que nous marchons sur un feu couvert de cendres , en nous exprimant avec toute la franchise de la jeunesse , que nous pourrions, en le découvrant, nous brûler , et qu'encore aujourd'hui on peut dire , *præsentemque viris intentant omnia mortem.* Dans l'excès de nos malheurs, nous regarderions cette mort comme un bien ; *deesse nobis terra , in quâ vivamus , in quâ moriamur , non potest.* (1) Comment ne pas s'émouvoir à la vue du déchirement de sa Patrie, et craindre d'adresser ces reproches foudroyans aux premiers vautours qui lui ouvrirent les entrailles !

O malheureux Français ! ô terre déplorable !
O de tous les fléaux assemblage effroyable !
D'inutiles douleurs éternel entretien !

---

(1) Tacite. Annal. Lib. 12.

Novateurs furieux, qui criez : tout est bien :
Accourez, contemplez ces ruines affreuses,
Ces débris ces lambeaux, ces cendres malheureuses,
Ces cadavres sanglans l'un sur l'autre entassés,
Sous ces marbres rompus, ces membres dispersés.

Parodie de VOLTAIRE.

Voilà votre ouvrage. Peut on vous applaudir ?

INTRODUCTION.

Nous sommes encore, pour me servir de l'idée sublime de Bossuet, en parlant du monde, trempé des eaux du déluge, tout trempés nous-mêmes du sang que les cannibales ont répandu. La Postérité devroit être éclairée des torches de nos discordes, et apprendre par notre exemple ce qu'il en coûte aux Nations de se passionner pour des systêmes nouveaux. Les gens sensés apercevront fort bien dans la suite des âges ces phares terribles ; mais ils seront éteints pour le vulgaire. Les premiers savent récapituler dans leur esprit les événemens passés ; mais étant le très-petit nombre, leurs voix se perdent, et le fruit de leur expérience n'est goûté que par eux seuls. La France ne rit plus aux yeux de l'étranger comme auparavant. Les villes les plus belles et les plus considérables ne présentent plus que l'aspect des cimetières : tout est pour lui changé en cyprès et en tombeaux. Paris n'est plus : on le retrouve, pour les passions tumultueuses seulement, dans les hôtels des nouveaux-parvenus qui, ne sachant écono-miser les plaisirs, les prodiguent, et nous en dégoûtent. Leurs jouissances n'ont rien de cette douceur et de cet agrément qui en sont le charme principal, parce qu'ils sentent, malgré leurs richesses, que comme la source en est empoisonnée par l'injustice, on peut les tarir comme dangereuses et mortelles pour leurs semblables. Au jugement du Persan Sadi, une main pleine d'or vaut mieux que le bras le plus robuste. Quelle valeur ce métal a-t-il donc acquise, depuis que ce sont les mains de ceux qui ont les bras les plus robustes qui les manient à leur gré ? L'adversité qui autrefois humilioit l'honnête homme, a changé de nature, du moment que la fortune s'est prostituée aux premiers venus, et que la prospérité a enflé le cœur de ces individus qui n'avoient jusqu'alors mené qu'une vie grossière et laborieuse. Quoique dans la détresse, il n'envie point les plaisirs des nouveaux Plutus, qui, pour la plupart, ne les goûtent qu'aux dépens de l'honneur.

Riches, dont les cœurs sont revêtus d'un triple airain, et qui méconnoisssant cette sublime et touchante vérité, » homme, à tous les humains je me crois redevable, se plaisent à servir eux-mêmes de sépulchre à leur or, sans oser en détourner quelque parcelle pour secourir l'indigent, ou pour communiquer par l'éducation une seconde vie à leurs enfans, qui n'hériteront que de leurs richesses phy-siques , sans hériter des avantages qu'elles procurent du côté des sciences. Aux charmes de la bienfaisance ont succédé les charmes du plus sordide intérêt. Voilà donc le fruit amer de cette philosophie dont notre Nation se glo-rifioit avec tant de jactance ! Fut il un siècle où le *moi* prévalut davantage , où l'on parla autant de vertus , et où la pratique des vertus fut plus négligée ? Passionnés uniquement pour les jouissances animales , les réflexions sur les vicissitudes humaines ne suspendent jamais chez eux les instans de l'ivresse , et la fortune , par une sorte d'enchantement , semble les avoir transplantés dans d'autres climats , où ils ont pris un autre tempérament et échangé leur simplicité et leur bonhomie contre l'orgueil et l'endurcissement , en con-servant néanmoins des ames d'esclaves dans la condition des grands. L'aristocratie rurale qui appesantit son joug sur la France , a un caractère de rudesse , qu'on ne trouve nulle part dans les annales des Peuples. La vertu malheureuse , les graces , les talens , les douces sensations qu'inspire la vue des bienfaits placés à propos , et des heureux qu'ils ont faits , les ruses , les ingénieux détours que suggère la prudente et tendre humanité , toutes ces

nuances imperceptibles qui tiennent à une
ame délicate et généreuse, sont des qualités
et des sentimens étrangers à ces riches ignorans et grossiers. Dans le passage trop rapide
de la pauvreté à la fortune, la pointe de leur
sensibilité s'est émoussée, et ne pouvant me-
surer le prix des choses qui sont au-dessus
d'eux, ils les dédaignent. La libéralité, cette
vertu, lorsqu'elle a pour objet de soulager
l'indigent, se transforme chez eux en profu-
sion, et en affaires de caprice, et non d'habi-
tude. Dans leurs spéculations particulières,
consiste toute la combinaison de leurs pensées.
Leurs dépenses sont des folies ; ils jettent l'argent dans la rivière. Ils apprêtent véritablement à rire, lorsqu'on voit, dans nos cités,
leurs figures grotesques et rustiques se quarrer
et se pavanner dans le cabriolet élégant et léger, et la grosse Margot à leur côté, remplacer
la jeune et sémillante Euphémie au teint frais,
aux doigts de roses. Quand les richesses tom-
bent entre les mains d'un homme dont les
mœurs sont adoucies et polies par l'éducation, elles s'utilisent pour le bien général ;
c'est un ruisseau qui, par un cours paisible,
s'épure de lui-même, et porte la fécondité
autour de ses rives ; entre celles d'un lourdaut
c'est un torrent dévastateur qui mélange tout,

enlève les parties hétérogènes, pour les engouffrer toutes avec lui, je ne sais où. Satrapes pour le luxe, pour les manières, ces Crésus sont au-dessous de la bête. O or ! ô métal funeste ! trouverois tu en France beaucoup de Curius insensibles aux attraits perfides et corrupteurs que tu offres ? Ah ! si l'on te convertissoit en statue, tu rendrois les Français idolâtres, et ils se prosterneroient à tes pieds.

La recompense de l'homme vertueux est dans le sentiment même de la bonne action. Aux nouveaux riches, il la leur faut toute matérielle ; et ce n'est pas à eux qu'il faut faire entendre, que les bienfaits sont les plus beaux trophées qu'on s'érige dans le cœur des hommes ; ingrats envers leurs propres bienfaiteurs, qu'ils laissent végéter et mourir de faim, comment l'humanité auroit-elle prise sur eux ? Tout est mort pour eux, eux-seuls existent : dans eux-seuls est le monde ; et quand ils ont bien bu, bien mangé et bien dormi, ils s'imaginent que tous les hommes sont aussi satisfaits qu'eux. Les contrastes les plus singuliers frappent l'imagination de l'être pensant. Quelles occupations, quelles situations, quelles sensations diverses ici-bas ! Tandis que les uns chantent, les autres pleurent ; au moment même où, dans des fêtes magnifiques , l'homme s'oublie et s'endort dans les bras de la volupté , des villes sont prises d'assaut, les habitans sont passés au fil de [illegible], des batailles s'engagent , des vol-c[illegible] éruption, et engloutissent des villes e[illegible] l'un s'enivre à l'instant où d'autres p[illegible]lui, et presque sur tous les empires de la terre en même tems , rendent le dernier soupir ; dans nos moindres plaisirs , nous insultons , sans le vouloir , nous insultons à la tristesse, aux remords , à la douleur la plus cuisante, au désespoir , au criminel que l'on mène au supplice , et qui dans des tortures indicibles se débat contre la mort. Toutes ces réflexions naturelles qui refrènent notre cupidité , nous font songer que nous sommes hommes , que nous nous devons tout à tous , et disposent à la douce bienfaisance. Environné des décombres fumantes de sa Patrie , le nouveau riche jouit comme s'il étoit dans un Eden , ou plutôt il s'étourdit. Lorsqu'il souffrira, lorsqu'il aura des desirs , lorsqu'il sera dans la joie, il rapportera tous ces sentimens à lui-même. L'Univers se rapetisse dans son imagination. Hélas ! c'est bien ici l'occasion de rappeller à nos lecteurs cette pensée de Pope : on peut voir le peu de cas que Dieu fait des richesses , par les gens à qui il les donne. L'Etat s'appauvrit , tandis que ces éponges pompent toute la substance du Peuple.

Pour le contraste de ce tableau , contemplez ce rentier ruiné, qui d'un lit voluptueux a été précipité par la misère sur un méchant grabat, pour y lutter contre la faim et la douleur. D'autant plus à plaindre , qu'il fut naguère heureux, l'adversité , la pierre de touche de nos ames, sert au moins à lui faire développer des vertus dont la prospérité couvroit les germes. S'il a des regrets cuisans , c'est comme père, c'est qu'il pleure, non sur lui-même , mais sur le sort de ses enfans infortunés auxquels il ne transmettra que les besoins et la misère , au lieu de l'abondance et du superflu. Père malheureux , il est pour toi un dédommagement à tant de maux ; le respect et l'estime te vengent de la pauvreté , et tu gagnes du côté des sentimens , à proportion de ce que tu as perdu du côté de la fortune. Un mal partagé avec tant d'autres de tes concitoyens doit te paroître moindre et plus léger, « *Durate et vosmet rebus servate secundis*. L'excès des malheurs d'autrui ferme la bouche à celui qui , riche auparavant de trois mille livres de rente , éléveroit des plaintes, de son réduit obscur, celui qui en possédoit trente mille, pourroit lui **dire**, comme Guatimosin sur le bucher disoit à son favori, en présence des avares et cruels Espagnols qui les torturoient l'un et l'autre : et moi, suis je donc sur un lit de roses !... Celui qui est tombé de plus haut, doit plus vivement ressentir ses maux, que celui qui est tombé d'un degré inférieur.

Cette étrange Révolution a des causes qui n'ont subsisté parmi aucun Peuple de l'univers, et on peut l'appeller à juste titre la révolution des Philosophes. Déjà, je ne sais sous quel Empereur romain, ils avoient essayé de réaliser les chimères de la République d Platon, et d'habiter une ville composée, réglée et gouvernée à leur manière. Ils exécutèrent leur plan, en se rendant le jouet et la risée du Genre humain. On ne vit jamais plus de morgue, de hauteur, de haines et de dissensions parmi des gouvernans et des gouvernés. Pour le bonheur des uns et des autres, on fut obligé de les disperser, et d'opérer le divorce avec leurs systêmes. Cette tentative si infructueuse auroit dû guérir les hommes de la manie de recourir à un second essai de ce genre ; malheureusement non : les philosophes dont l'éloquence et les talens furent plus dangereux que l'ignorance la plus crasse, revêtirent, à la fin du dernier siècle, les plus grandes absurdités des couleurs les plus séduisantes de la vérité, nous offrirent le squelette le plus hideux de la politique et de la morale, caché sous les dehors les plus pompeux et les plus attrayans, et surprirent, à l'aide de leur art trompeur, non pas la confiance de quelques individus, d'une ville seule, d'une province, mais de la France entière, dont ils se sont emparé pour mettre en pratique leur théorie consolante. Stanislas l'avoit prédite cette étonnante révolution, lorsqu'il vit leur audace s'accroître de jour en jour en France, et les loix se taire, au lieu de tonner et d'agir contre ces insensés, auteurs de ces événemens tragiques qui se succèdent et se multiplient sur toute la surface de l'Europe, et qui ne sont pas de nature à finir sitôt. Les progrès de la dépravation vont être en raison directe des succès rapides de nos armées. Les flots tumultueux de la génération présente vont submerger les rivages paisibles, et en se retirant, y déposer le sédiment de tous leurs désordres. Oh ! quelle tempête nous présage l'avenir ! la face de l'Univers peut être changée. comme elle le fut, lors de l'irruption des nombreux essaims de barbares. Voyez l'Italie qui reprend, dans un autre sens, le cours des horreurs exercées jadis par les Guelphes et les Gibelins ; l'Allemagne épuisée, haletante et baignée dans le sang ; la Hollande livrée à l'anarchie et à la stupidité ; l'Angleterre à une fermentation sourde et à l'esprit des noires révolutions. Le volcan qui pour les autres Etats ne fait que fumer, est sur le point de faire éruption. Les sciences (1), la saine politique, la Religion vont être ensevelies, comme le furent Herculanum et Pompéïa. Heureux, si douze siècles d'ignorance ne les laissent point dans l'oubli ! Dieu n'a plus d'entrailles pour cette race impie de mortels qui le déshonorent ; il les maudira jusqu'à la sizième et septième génération.

---

(1) Hélas ! notre plus belle et notre plus intéressante jeunesse a été moissonnée par le fer. Combien de jeunes - gens sont tombés sur le champ de bataille, et en qui peut-être se trouvoient des germes qui contenoient des Fénelon ou des Bossuet. Que nous reste-il d'une génération abandonnée, et dirigée par des hommes qui ne peuvent se commander à eux-mêmes ? Quels élèves devons-nous en attendre ? Les exercices du Gymnase peuvent être en honneur dans notre éducation moderne, mais la pratique des vertus, mais les arts et les sciences n'y seront pas sitôt, il nous sera plus facile de former des Milon, que de former des Ciceron et des Socrates.

Nos

Nos enfans ne croissent plus aujourd'hui qu'en âge, en force, en orgueil et en barbarie. Ce sont là les progrès de notre éducation qui ne s'attache qu'aux arts d'agrémens qui ne forment que l'extérieur, aux mathématiques qui donnent à la vérité de la précision à l'esprit, mais qui ne rendent point meilleur, réfroidissent le cœur et l'imagination, tandis que nous mettons de côté les connoisssances qui pourroient servir de règle à notre vie. Laissez écouler vingt ans, et vous entendrez dire, en parlant des hommes vertueux et éclairés, *apparent rari nantes in gurgite vasto.* Aux vices et à la corruption d'une société qui fut civilisée, va se joindre le goût pour les coutumes et les usages les plus analogues au caractère atroce de notre esprit révolutionnaire, et nous allons concentrer dans le cœur de la nouvelle génération tous les germes des passions les plus exaltées et les plus honteuses qui aient tourmenté l'espèce humaine depuis l'origine des Empires. O Mably, Helvétius, Diderot, Voltaire, que ne venez-vous au monde pour un seul, un seul moment ! Vous dessécheriez de douleur à l'aspect des malheurs dont vous avez été les artisans, et vous vous replongeriez bien vîte dans la nuit du tombeau, pour vous dérober la vue des scènes sanglantes qu'ont occasionnées vos principes, dont les novateurs ont extrait et fait découler de si fatales conséquences. Le repentir et la pénitence de Thomas Raynal rendent assez probable notre conjecture, et excusent assez cette apostrophe à leurs mânes. Trop long tems ils ont calomnié, outragé la Divinité, traité la Religion chrétienne de fable, et placé l'homme au-dessous du Castor. Certes, à vous juger impartialement, la peau de cet animal amphibie vaut mieux que tous les philosophes modernes ensemble, parce que cette peau n'a point couvert des hypocrites et des monstres.

Les Peuples ne seront heureux, écrivoit un sage de l'antiquité, que lorsqu'un Philosophe, ou un Roi Philosophe sera assis sur le Trône; et bien dans notre Patrie, la Philosophie a culbuté le Monarque de dessus son Trône; mais en montant à ce haut dégré d'élévation, elle a oublié sa morale enchanteresse et tous ses beaux documens. Syrène perfide, elle ne chantoit si bien, que pour mieux nous attirer à elle, et mieux nous plonger dans l'abyme. Dans Fénélon la Philosophie étoit réellement sagesse et Religion; dans J. J. Rousseau, Voltaire, Diderot et autres, c'é-

toit orgueil, septicisme, despotisme, et inquiétude. Au milieu de nos dissensions civiles nous
avons méprisé toutes les Nations ; nous avons
regardés en pitié nos ancêtres, et nous préfé-
rions nous comparer aux Gaulois sauvages et
farouche, qu'à ces Français brûlans d'amour
pour leurs Rois, et pleins de foi, d'honneur
et de piété. Il est vrai qu'il y avoit beaucoup
de rapport entre les Gaulois et les Jacobins.
Dans l'ivresse tumultueuse des festins , il
buvoit dans le crâne de son ennemi, il faisoit
passer cette odieuse coupe aux convives ses
voisins , il fléchissoit le genoux devant le cruel
Odin ; mais Odin étoit un Dieu , suivant sa
·croyance ; et nous plus lâches , malgré notre
affectation de valeur , nous plus abrutis ,
malgré notre affectation de politesse , nous
avons fléchi le genou devant Robespierre ,
l'homme le- plus foible , le plus craintif et le
plus sanguinaire ; nous avons arrosé de sang
humain les autels de cette divinité terrestre,
et nous avons été assez abâtardis par la terreur, que d'avoir chacun à nous reprocher de
lui avoir applaudi, quoique ayant contre ce
tyran, la rage dans le cœur, et à pleurer la
perte d'un ami , ou d'un parent immolé à ses
caprices. En Egypte quiconque pouvant sau-

ver un homme attaqué , ne le faisoit pas , étoit puni de mort aussi rigoureusement que l'assassin. A suivre strictement cette loi, tous les Français méritent la mort. Quelques misérables assassinoient plus méchamment que des voleurs de grands chemins ; bien loin de se jetter sur eux et de les punir , on applaudissoit à leurs assassinats. Une populace en délire se pressoit autour des charrettées de victimes , et mille voix éclatoient à-la-fois pour accabler l'innocence. Il n'existoit plus de courage que pour braver la mort. Des individus , aigris justement par les souvenirs les plus douloureux , accusent injustement les Parisiens de toutes les horreurs commises. Mais, est-ce Paris qui avoit nommé Joseph Lebon, qui avoit nommé Carrier ? Robespierre lui-même se seroit-il signalé par sa tyrannie, si Arras n'avoit gratifié cette ville de ce beau présent, et si le 2 Septembre , au milieu du sang et sous la pointe des poignards, les malheureux Parisiens n'eussent pas été contraints de sanctionner un pareil choix , en renommant ce scélérat à la Convention ? Personne ne déteste et n'abhorre plus que moi ces bourgeois insolens , qui, fiers de leurs uniformes et de leurs épaulettes , admirateurs ridicules du

génie et des vertus guerrières de La Fayette,
ont été les arc-boutans de toutes les émeutes
dans les commencemens de la Révolution,
déclamoient avec fureur contre ces Nobles
et ces Prêtres qu'ils plaignent maintenant,
parce que la plupart de ces soldats d'un jour,
d'abord tyrans, ont été après eux - mêmes,
persécutés, dépouillés, emprisonnés et tyran-
nisés, comme les honnêtes gens de ces deux
Ordres, dont ils ont été si fort jaloux, et qu'ils
ont si fort vexés (1). Ces mêmes bourgeois si
aristocrates, pour nous conformer à l'accep-
tion que l'on prête à ce mot, n'ont-ils pas été
les premiers à se déchaîner contre Louis XVI

---

(1) Enthousiasmés de la liberté, ainsi que les enfans de leurs hochets, cet enthousiasme n'a été retenu
qu'à l'approche des Jacobins, qui ont été pour eux des
loups-garoux. L'égoïsme arrêta leurs élans, et crai-
gnant pour leurs propriétés, ils commencèrent à sentir
les inconvéniens de la doctrine incendiaire mise en
pratique à l'égard des châteaux. Alors ils ont subor-
donné, hélas ! trop tard, dans leurs cœurs, leurs intérêts
particuliers à l'intérêt violé de la classe des Grands. On
avoit passé par les derniers, pour aller jusqu'aux premiers. Le mal étoit irréparable, et la France déjà as-
servie, et en deuil.

fugitif à Varennes? Nont-ils pas été les premiers à courir comme des furieux voiler les emblèmes de la Royauté, et exhaler contre leur Souverain les propos les plus séditieux? Oui, je ne prétends point les excuser : ils ne cessèrent d'être audacieux et entreprenans en faveur de leur héros, que lorsque les Jacobins se mirent à la traverse avec leurs piques, entr'eux et lui, et l'eurent dépopularisé et chassé. Après cette fuite, on les vit pâles, tremblants, et par leur lâcheté fournir les armes les plus terribles aux factieux.

Paris doit se reprocher l'initiative de toutes les insurrections, mais les Provinces n'ont-elles pas le reproche à se faire d'en avoir prolongé les échos, et par leurs adhésions, d'avoir encouragé cette capitale à de nouvelles entreprises. Ne fixons pas toutes nos plaintes sur une ville qui n'a été la boucherie de tant de victimes qu'à raison de son immense population, et des vices qui la corrompent et la mettent en fermentation. Que direz-vous d'Orange, de Marseille, de Dijon et de Nante? Croyez vous que ces différentes villes n'aient pas renfermé des bouchers qui ont alimenté de sang les échafauds et les Jacobins de Paris, qui a été un lieu de rendez-vous pour tous les méchans de notre République , et l'aimant qui les a attirés ? Que conclure de-là ? C'est que dans la France nous avions par-tout ces poisons violens , et que ramassés et contenus en plus grande quantité dans un seul espace , ils ont opéré des effets plus extraordinaires. On échappoit malgré cela au coutelas des assassins avec plus de facilité dans cette cité que dans toute autre , et souvent elle a été le refuge et l'asyle des proscrits qui venoient s'y confondre avec la multitude. En est-il une seule qui , du temps de la terreur , pût offrir un port au milieu de tant d'écueils ? Au reste , quelque soit notre opinion à ce sujet , nous conviendrons que nous avons été dignes de dévorer toutes nos humiliations , et d'avoir été flétris par tant d'opprobres , puisqu'avant nous avions eu , chose inouie , qu'on croira seulement dans notre histoire , nous avons eu l'indifférence de voir rompre et détruire , sans opposer aucun obstacle , le chaînon doré de la Religion qui unissoit le Ciel à la Terre , et par cette brusque et sacrilége rupture avec la Providence , nous l'avons armée contre nous ; nous avons été livrés à tous nos penchans , et à tous les fléaux qui , comme autant de messagers d'en - Haut nous ont précipités dans le désespoir et dans une mer de sang.

Le résultat de notre Révolution, est un homme, qui fait trembler l'Europe, c'est un conquérant, c'est Buonaparte. Ce n'est pas un remède à nos maux. Ce n'est pas un libérateur de sa Patrie, sans un dérangement total dans le corps politique, ce jeune guerrier, presqu'au sortir d'une école militaire, ne seroit pas devenu, par une sorte d'explosion, et pour ainsi-dire, d'un seul jet, un grand capitaine et un foudre de guerre. Il cause l'admiration et l'effroi, mais il n'apporte point le bonheur. Notre terre est toujours intolérante; elle exclut de son sein des plantes qui l'embelliroient de nouveau, et serviroient à la nourriture de ses habitans. *Veteres revocate colonos.*

L'ESPRIT

L'ESPRIT

DE LA

RÉVOLUTION FRANÇAISE.

DEPUIS quinze ou seize ans , tous les signes imaginables d'indiscipline et de rébellion se manifestoient en France , et ne cessoient d'épouvanter cette classe d'hommes sages et prévoyans , bons citoyens, sans être doués de ces dons rares que le Ciel dispense à certains êtres privilégiés , je veux dire la fermeté , la vigueur et le courage , réunis à la force du génie. L'ambition , l'intrigue , l'irréligion , quels dissolvans pour séparer , désunir et diviser toutes les parties de la Monarchie ! Ces grands principes de dissolution existoient bien sous Louis XV ; mais ils furent tenus en équilibre et dans leur état de fixité , tant que ce Prince , jaloux du pouvoir , vécut ; sa mort r'ouvrit la carrière au crime , et lui fit naître les plus hautes espérances. Les deux extrêmes se sont rapprochés dans l'Univers , presque d'un siècle à l'autre. Ennemis de tout culte , tout en déclamant contre le fanatisme religieux, en tournant en ridicule les dogmes les plus sacrés du Christianisme , les moteurs de la Révolution française ont suivi dans leurs écarts et dans leur délire , les sectaires les plus outrés qui eussent paru depuis la naissance des Religions connues. Le siècle présent ressemble toujours , par quelque côté , aux siècles écoulés. Nos Jacobins , qui ont proscrit toutes les idées d'un Etre-Suprême vengeur du crime et rémunérateur de la vertu, ont marché , sans le savoir , sur les traces des fanatiques Anabaptistes ; ils en sont en tout , à la Religion près , les plus fidèles imitateurs. Pour se convaincre de cette vérité , que l'on compare leurs maximes bisares et leurs actions avec celles de ces fougueux sectaires. Les prétentions des Anabatistes en 1525, leur enthousiasme , leurs idées sur le nivellement des fortunes , sur l'égalité ; leurs brigandages, leur intrépidité , enfin l'hypocrisie et la scélératesse de leur chef Muncer, forment un tableau approchant de celui que le caractère et les horreurs des Jacobins et de Robespierre pourroit nous faire concevoir. Ces derniers , venus dans des circonstances plus favorables à leurs desseins, ont eu aussi un théâtre plus vaste et un succès plus long-tems soutenu. Voilà leur seul mérite. Du reste tous leurs forfaits ne sont qu'une seconde reprise des forfaits de ces fanatiques , dont le sang transfusé semble bouillonner dans leurs veines. Il ne leur seroit pas difficile de retrouver encore des modèles en Angleterre. En fait d'opinions religieuses, les idées les plus extravagantes étoient adoptées avec transport par les Anglais puritains et indépendans ; les idées les plus absurdes , les plus anti-sociales et les plus monstrueuses étoient, en fait de politique, recueillies par les Français Constitutionnels , Feuillans , Girondins, Jacobins , avec un enthousiasme qui tient de la frénésie. Seulement l'excès et la multitude des forfaits de notre Nation lui assigneront une prééminence marquée sur l'Angleterre. A travers tous les maux qu'ont essuyés les habitans de cette isle , on voit briller au moins du côté du vice et de la vertu de grandes qualités , semblable en cela au Vésuve qui lance des flammes éblouissantes à travers les cendres et la lâve. Nous ne saurions tenir le même langage ; et certes Mirabeau , Condorcet et Robespierre , faute de ce caractère d'intrépidité et de prévoyance qui constitue l'homme extraordinaire, n'étoient que de médiocres orateurs, tremblans à l'approche du moindre danger. Je sais combien je heurte de front et je fais crier contre moi la plupart des Constitutionnels de 1791 , qui regardent Mirabeau comme un aigle qui a plané majestueusement au dessus de ses contemporains. Quand on parle et qu'on écrit dans le sens des passions populaires, il n'est pas étonnant de rendre ses compatriotes aveuglés ivres de soi, et d'inspirer les élans de l'admiration ; dès qu'il se renferme dans la sphère littéraire, va-t-il à côté de nos bons écrivains ?... Le tems qui remet les hommes à leur place, a diminué ces violens bouillons de l'enthousiasme public ; et l'homme agrandi par le microscope de la multitude, reparoît tel qu'il doit être, dans sa médiocrité. Dans les autres contrées, en Angleterre même, c'étoit une révolution suscitée dans la Nation en général ; dans notre pays, çà été une révolution de populace ; et au lieu de ménager les premières classes du Peuple, nous avons commencé la nôtre sous les auspices de la persécution, du carnage, à la lueur des châteaux incendiés, aux cris ignobles et terribles de *à la Lanterne*, et sur les cadavres de Foulon, de Berthier et de Launay. Au lieu de nous battre avec fureur, armée contre armée, le sabre à la main, nous, nés au dix-huitième siècle, nous nous sommes piqués d'un plus noble et d'un plus généreux courage : nous avons égorgé dans les prisons des

Prêtres , des vieillards , des femmes et des
gens pleins de force , mais enchaînés ; nous
avons promené des têtes au bout des piques ;
pour comble d'horreur , la moitié des Français a enseveli l'autre dans les cachots ; nous
avons dénoncé et conduit à l'échafaud les
victimes ; et le bourreau , le seul digne à cette
époque de représenter la Nation française , en
montrant aux spectateurs des têtes ensanglan-
tées , semble avoir fait en notre nom, trophée
de notre lâcheté et de notre cruauté épou-
vantable. Le citoyen religieux auroit bien
pu, dans l'excès de l'accablement et de la
terreur, s'écrier comme Pétrarque au sujet
de la peste de l'an 1546 : «Eh! quoi, Seigneur,
il faut donc que nous soyons tous les plus
méchans hommes qui aient paru sur la terre ;
il faut que vous nous fassiez expier les crimes
de tous les siècles , puisque vous exercez contre nous une vengeance qui l'emporte sur
toute la multitude réunie des divers châtimens
que vous ayez jamais employés contre les
scélérats et les impies ». Jamais l'esprit humain
ne fut plus humilié que dans cette Révolution où nos tyrans ont été les plus petits ,
les plus vils et les plus inconséquens des mortels. Toute une nation s'est laissée maîtriser,
par qui ? par des enfans cruels et furieux.....

Nous n'avons point eu à céder , comme les Anglais , à la puissance des armes et à l'ascendant d'un grand caractère , tel que celui de Cromwel , homme de tête et de main à-la-fois. Nous nous sommes terrifiés nous-mêmes ; et les êtres les plus méprisables ont profité de cette terreur pour faire étinceler la pointe de leurs poignards , et les plonger dans notre sein. Qu'un peuple ait été subjugué par un Gengis-Kan , un Timur-Lenck ou un Thamas-Kouli-Kan , pour être vaincu les armes à la main , on n'est point lâche ; on est abattu par une force trop supérieure pour lui résister ; et le cœur de l'homme éprouve moins d'humiliation de se soumettre à un héros , à un conquérant qui , dans quelque âge qu'il fût venu au monde , étoit destiné à assujétir ses semblables , que de subir le joug d'une poignée de coquins qu'on auroit pu dissiper et exterminer avec un peu d'énergie. Les tyrans ont transigé en Angleterre avec les mœurs , les usages, les coutumes et les préjugés bons ou mauvais du Peuple asservi à leur domination ; les nôtres ont éteint le flambeau de toutes les sciences et de toutes les vertus, et fait perdre la trace de toutes nos institutions ; morale, religion, goût, modes, ils n'ont rien épargné , rien respecté. Nous étions si avilis, et la populace étoit tellement engouée de leurs systémes désorganisateurs , que , s'ils eussent ordonné d'aller nuds à l'exemple de certaines peuplades Américaines, nous, Français , nous les plus éclairés des peuples de la terre , et les plus civilisés , à nous entendre parler, nous aurions commis cette indécence incommode dans nos climats ; nous aurions eu même l'air d'être enchantés de cet abandon de toute pudeur , comme nous rappelant plus particuliérement les droits sacrés , simples et imprescriptibles de la nature. N'a-t-on pas vu un Représentant du peuple, Dartigoyte, monter sur le théâtre de Toulouse, dépouillé de ses vétemens comme il l'étoit d'honneur , d'humanité et de pitié ? Pourquoi non ? On nous a bien fait essuyer des ignominies d'un genre aussi dégoûtant ; on nous a bien contraints à célébrer des fêtes pour les déesses de la Raison , qui n'étoient que des filles de mauvaise vie et des furies de guillotine ; on nous a bien travestis en maçons , en salpêtriers , en geoliers et en bourreaux ; c'étoient, je crois, d'assez bonnes dispositions pour nous plier à toutes les fantaisies de nos révolutionnaires. Les Marius et les Sylla dans les proscriptions et les guerres civiles que leur ambition enfanta, imprimoient

au moins, avec l'effroi, un certain respect
que commandoient leurs anciennes victoires.
L'un étoit le vainqueur de Jugurtha, des
Cimbres et des Teutons ; et l'autre, le vainqueur de Mithridate. Robespierre, Danton et
Marat n'avoient que le mérite des motionneurs
et des incendiaires. L'histoire tracera avec
surprise et indignation le tableau que com-
posent d'une part notre égoïsme, notre avi-
lissement, nos malheurs ; et d'une autre, la
férocité et l'humeur délirante des auteurs de
cet esclavage et de cet abrutissement, qui
n'ont pas su opérer le mal avec cette appa-
rence de grandeur qui console, en quelque
sorte, l'homme accablé sous le poids de la
servitude. Cromwel parmi les Anglais excitoit
l'admiration par sa valeur, toute mal dirigée
qu'elle fut ; et ne laissoit rien à faire au crime,
lorsqu'il pouvoit en sûreté se parer des couleurs de la vertu. Nous n'avons pas été mé-
nagés à ce point et avec tant d'art ; l'audace,
l'impudence et l'infamie, voilà leurs appuis.
Oui, à bien considérer la Révolution dans
son ensemble, à bien envisager ses causes
et ses effets, qui ne seroit tenté de dire avec
une douleureuse amertume : La mémoire de
nos maux est plus affligeante que nos maux
mêmes ! Est-il un peuple qui ait plus à rougir

.des motifs qui ont causé une subversion totale , que le Français possédé de la soif de
l'or et de l'argent ? Dès 1788 cette insatiable
cupidité perça au milieu du choc des autres
passions ; et le mot de banqueroute a été
constamment l'épouvantail qui a effrayé la
multitude des rentiers et des pensionnaires de
l'état, et les a maintenus dans la dépendance
des novateurs. Un jour l'historien stupéfait
se demandera à lui-même , dans ses réflexions
sur les principaux évènemens qui nous ont
agités : Pour déconcerter les projets des scélérats , où étoient donc des hommes, je ne
dirai pas extraordinaires , mais des hommes
enfin ? ... *Desiderabantur. ...* Hélas ! nous
n'avions que des Philosophes... l'éclipse de la
raison a été totale parmi nous. Quel plan de
résistance et de repression a-t-il été concerté
avec quelqu'ombre de prudence et de sagesse?
Où s'étoit réfugiée la politique des Etats ? ce
n'étoit certainement pas à la Cour de Versailles. Si quelques traits d'héroïsme brillent
dans ces ténèbres épaisses qui ont obscurci
le génie, c'est un éclat passager qui ne rend
cette nuit que plus affreuse ; nous n'avons à
céder en rien aux Antropophages. Assise sur
les ruines des villes et sur les cadavres de
leurs habitans, la scélératesse s'enfonça dans

les jouissances les plus sales et les plus brutales : aucune espèce de gloire dans tous les genres de débordemens et de cruauté ne sauroit nous être refusée.

Sans doute qu'une métamorphose aussi subite que monstrueuse, a des causes éloignées dont la connoissance échappe à la sagacité du plus grand nombre ; nous ne sommes cependant pas dans la classe de ceux qui vont puiser leurs conjectures, en remontant jusqu'au massacre de la Saint-Barthelemy ; nous croyons que le règne de Louis XV a couvé le feu qui a embrâsé et consumé la France. C'est un contact de plus que notre Révolution offre avec celle d'Angleterre. Ce fut le Roi Jacques Ier. qui, par l'établissement de l'Episcopat en Ecosse, en 1606, et par l'érection d'un tribunal pour l'exercice de la jurisdiction des Evêques, fomenta, sans s'en douter, l'esprit de discorde et de fanatisme, qui devoit faire éclore tant de tragédies sous Charles son fils et son successeur. Ce dernier Prince valoit beaucoup mieux que Jacques pour l'humanité, la clémence, la bravoure, et pour toutes les vertus qui d'ordinaire concilient à un Souverain l'estime, le respect et l'affection des sujets. Si Charles étoit foible, quel Monarque fut jamais plus doux, plus affable , meilleur époux , plus tendre père et meilleur ami ! D'ailleurs , remarquez que la foiblesse des Princes , si funeste à leurs Etats, est une preuve de bonté ; il auroit pu faire les délices des Anglais, s'il eût tenu le sceptre dans des tems moins critiques et moins orageux. Mais un Marc-Aurèle même auroit succombé dans cette isle , et auroit été regardé comme tyran par les Cromwelistes. Louis XVI , sous les mêmes rapports de bonté , de douceur, de piété , et présenté comme père, valoit beaucoup mieux que Louis XV , dont les belles inclinations avoient été un peu trop dirigées vers les plaisirs par des courtisans voluptueux et sans mœurs. Louis XV étoit religieux et très-religieux ; chacun en convient ; mais par une inconséquence des plus impardonnables , ce Monarque ne dédaignoit pas l'encens que des flatteurs entachés d'une fausse philosophie , lui prodiguoient. Que ceux qui font dépendre du Ciel la perte ou la conservation des Empires, songent à une autre cause qui tient à la régence du Duc d'Orléans, et découvrent dans les malheurs qui ont fondu sur la maison des Bourbons , la main de Dieu qui s'appésantit sur elle , sur elle qui refuse un asyle à l'infortuné et brave Prince Edouard, errant et fugitif. Il semble

que dans cette suite de calamités qui l'acca-
bient de toutes parts , la colère céleste veuille
venger la double injure faite aux Stuards , de
ce qu'elle porta le deuil de la mort de Cromwel , et expulsa de son territoire un Prince
malheureux (1). Les coups du sort étoient-
ils donc si rares dans cet univers pour que
les Bourbons ne vissent point dans ce jouet de
la fortune, l'image de ce qu'ils pourroient être
un jour, si l'inconstance et l'humeur légère,

____

(1) Une seule Princesse à la Cour de France, la
Duchesse de Montpensier , eut horreur de se revêtir
d'habits lugubres, où elle auroit lu à chaque instant
l'assassinat de Charles Ier. son parent, et qui lui auroient rappelé le souvenir de l'hypocrisie et de la scélératesse de son assassin.

Un Czar de Russie, Michaliovitz, se piqua, sous
la tyrannie de Cromwel , de plus de magnanimité et
de fierté que tous les Potentats de l'Europe policée ,
et ne voulut jamais admettre, ni dans sa Cour, ni
dans son vaste Empire, les Ambassadeurs de Cromwel,
dont l'alliance étoit si fort briguée et par la France,
et par l'Espagne , et par la Suède et le Dannemarck.
Ce fut dans ces contrées hyperboréennes , dont les
anciens ne parloient que comme de contrées inhabi-
tables , que les grands sentimens, bannis du cœur des
Rois, se réfugièrent ; et c'est encore dans ce siècle où
ils trouvent leur unique asyle. On diroit qu'à mesure
que le Midi de l'Europe se dégrade et perd de sa
civilisation, le Nord s'ennoblit et se police à ses dépens.

inquiète et turbulente des Français, venoient
à les placer sur le même théâtre d'adversité,
où ils n'auroient plus, comme lui, que l'in-
térét plus ou moins vif à inspirer aux Peuples
et aux Souverains. Les Français avoient déjà
préludé sous Henri III, par des attentats inouis
sur l'effigie de ce dernier des Valois, le régicide que leurs descendans devoient achever
sur la personne de Louis XVI ; c'étoit une
leçon d'expérience ; elle étoit terrible ; on l'a
négligée au moment où le fer suspendu ne
tenoit qu'à un fil. Sous Louis XVI, la direction
du Peuple français étoit déjà prise, et toute du
côté des systémes d'économie politique et de
réforme, comme sous Charles Ier elle l'étoit
du côté des disputes religieuses et de l'amour
du changement. A son avénement au Trône, la
plupart des courtisans étoient philosophes, les
Princes étoient philosophes, beaucoup d'Ec-
clésiastiques élevés en dignité, étoient philosophes; les Grands et les Magistrats, étoient
philosophes; en un mot, tous les Corps de l'Etat
étoient attaqués de cette maladie épidémique
et pestilentielle, qu'on ne sauroit mieux dé-
finir que sous le nom de mal philosophique.
Que pouvoit, au milieu de tant d'impéritie,
de dangers et de corruption, un jeune Souverain sans expérience, et environné des plus

mortels ennemis de la Religion , par conséquent de sa Couronne ? En effet , l'autorité
royale n'a pas de plus sûr garant, parce que
la Religion seule la rendoit respectable , et
transformoit le consentement du Peuple en
un acte du Ciel ; au lieu que le mépris de
cette Religion restitue au Peuple toute son insolence et toutes ses prétentions ; et bientôt le
Roi , loin d'être l'image de Dieu sur la terre ,
n'est plus qu'un mandataire, un simple commis
de la Nation ; vérité que l'Assemblée constituante sut fort bien mettre à profit pour
son propre compte, en sappant les fondemens
du catholicisme. Sire , écrivoit dans ses obser-
vations politiques le Maréchal de Belle-Isle à
Louis XV , protégez la Religion , quand même
vous ne l'aimeriez point ; depuis quinze cents
ans elle soutient la Couronne sur la tête de
vos ancêtres. Nous tenons d'une personne
dont le témoignage est des plus respectables
que Louis XV , avant de mourir, exprima ses
regrets en présence du Maréchal de Mouchy ,
d'avoir favorisé les Philosophes , qu'il prévoyoit bien devoir se remuer , et lever l'éten-
dart de la révolte.

Qui étoit intéressé au maintien de la Religion , si ce n'étoit celui qui étoit tout par
l'opinion favorable dont elle l'investissoit dans

le cœur de ses sujets ? N'étoit-ce pas elle qui
s'emparoit de l'homme dès le berceau, l'accou-
tumoit à l'obéissance, et à l'indulgence pour
les fautes des Rois, et le rendoit docile jusqu'au bord de la tombe ? A présent quel est
son guide ? quel est son soutien ? quelle est
sa règle ? où s'arrêteront ses pas et sa main ?
Ah ! combien encore aujourd'hui, combien
de ces grands mésalliés avec la philosohie (1),
descendus avec tant de précipitation du faîte
des grandeurs, et tirés avec violence du sein
des richesses, n'en sont pas moins irréligieux,
et poussent l'endurcissement jusqu'à mécon-
noître les traits de la vengeance céleste. Pourquoi n'avoient-ils accueillis que les hommes
recommandables par la singularité de leurs
principes ? Si nos Rois avoient été animés de
l'esprit religieux, et prémunis par une sage
politique, Voltaire auroit-il eu tant de pané-
gyristes ? Un Mably, avec ses principes erro-
nés et foudroyans sur les guerres civiles, auroit-il impunément soulevé le voile qui doit
cacher aux yeux des Nations, certaines vé-
rités toujours dangereuses à leur énoncer.

---

(1). Ce beau titre de Philosophie n'a été décrié que
par les crimes et les vices de ceux qui s'en sont parés ;
l'abus qu'on en a fait rend, pour ainsi dire, le mépris
excusable et légitime.

Qu'est-il arrivé de-là? C'est que tout ce qu'il y a eu de gangrené s'est rallié à de pareilles maximes, et qu'en formant des partisans, elles ont préparé l'exécution du système de notre régénération nouvelle. Helvétius, Diderot, ont élevé des doutes sur tout, et n'ont donné la solution d'aucun problème ; la confusion des langues a régné parmi les philosophes, comme parmi les ouvriers qui travailloient à la tour de Babel. J. J. Rousseau, en parlant de ses confrères, les condamne lui-même en ces termes : « Si vous comptez les voix, chacun est réduit à la sienne ; ils ne s'accordent que pour se disputer ». Le Chrétien ne peut, et nécessairement ne doit point avoir leur égoïsme, parce que l'intérêt qui l'attache au Ciel, est supérieur à l'intérêt qui l'attache à la terre ; par conséquent, il sera plus secourable et citoyen plus vertueux ; et le pauvre trouvera plus en lui les ressources de la charité. La Religion ouvre les canaux de la bienfaisance ; le froid raisonnement des Philosophes les obstrue et les ferme. Quelle morale sublime et touchante que celle de l'Évangile ! Loin de nuire au Peuple, elle garantit ses droits et sa liberté ; opprimé ici-bas par ses maîtres, il sera vengé dans le Ciel. Les Souverains, suivant la Religion

ligion chrétienne, doivent être au milieu de leurs sujets, comme l'un d'entr'eux, et ne se reposer qu'après avoir pourvu à leurs besoins. Voilà comme cette Religion, si fort calomniée, assure à l'homme ses plus beaux droits. Les Charles V, les Louis IX, les Louis XII et les Henri IV n'avoient-ils pas pratiqué à la lettre ces maximes consolantes ? La philosophie n'a aucun lien assez puissant à offrir aux Gouvernemens ; le frein qui retient le Peuple n'étant que dans sa volonté, se rompt avec la plus grande facilité, et aujourd'hui soumis et tranquille, demain qui l'empêchera d'être rebelle et agité ? La Religion n'a jamais été cause des maux qu'on lui impute, et toujours elle le fut des bienfaits dont on lui enlève le mérite. Il n'y a absolument que des esprits bornés et faux qui se figurent que la superstition soit inhérente à l'exercice d'un culte quelconque. Le cœur de l'homme, laissé à vuide du côté des pratiques religieuses, se replie plus volontiers du côté de l'erreur, de la grossière ignorance et des troubles. Des guerres civiles ont dégénéré en guerres de fanatisme!.... quelle induction ! Parce que les dogmes de cette Religion ont été interprétés d'après les desirs et l'ambition des hommes, et qu'on s'en est écarté. Dans tous les siècles, au reste, le penchant des Nations les a entraînées dans toutes les erreurs les plus absurdes, comme les plus cruelles; et, quand leurs passions délirantes et en contraction ne se sont pas tournées vers le fanatisme religieux, elles se sont amplement dédommagées en portant dans les guerres politiques leur rage destructive. A la place des auto-da-fé, la politique sanguinaire des Philosophes a substitué les échafauds, inventé les fusillades, les noyades, et entr'ouvert les entrailles de la terre pour cacher ses innombrables victimes (1). Les guerres civiles, les proscriptions de Marius et de Sylla, celles de Pompée et de César, d'Octave et de Marc-Antoine, les incursions des barbares, les atrocités de notre Révolution n'é-

---

(1). Ne parlez pas tant de fanatisme de Religion ; fut-il jamais si horrible que celui de la liberté dont vous nous avez gratifié. Quelle liberté que celle des Philosophes ! Avant notre Révolution Sénèque l'avoit déjà définie : cet écrivain, philosophe lui-même, n'est ni républicain, ni aristocrate, ni royaliste; ainsi, son témoignage n'est pas suspect. Au reste, peu lui importeroient ces étranges dénominations ; seize siècles écoulés lui servent de bouclier contre la fureur des hommes actuels. *Libertas ferrum circa se, et ignes habet, et catenas, et turbam ferarum* (jacobins) *quam in viscera immittet humana* (Ep. 14.)

quivalent-elles pas à tous les désordres auxquels le Christianisme a innocemment servi
de prétexte. Malgré les clameurs et les imprécations des gens aveugles, l'Evangile, comme
l'astre du jour, n'en verse pas moins des tor-
rens de lumière sur la terre. O vous tous qui
chérissez la liberté, chérissez donc aussi cette
Religion sainte! Elle a détruit en France la
servitude, opposé une barrière sacrée aux entreprises tyranniques des grands vassaux; elle a
essuyé les pleurs des serfs, consolidé leurs
droits défigurés depuis l'inondation des barbares, et adouci le caractère et les mœurs
du Peuple. On lui reproche son intolérance;
et de quel front les êtres les plus intolérans
du monde osent-ils lui adresser ces reproches? Bayle l'accuse de se rendre souple aux
caprices des Novateurs politiques, et d'aller
au-devant de leur joug. Eh bien! nous répondrons victorieusement à cette calomnie. Ne
sont-ce pas les Ministres de la Religion qui,
en France, se sont armés de plus d'intrépidité? Lorsque tout a courbé servilement la
tête sous la verge de la tyrannie, eux seuls
n'ont point été épouvantés; ils ont enduré
la faim, la soif, la misère, l'exil, et affronté
la mort. Ils n'ont pas dit par orgueil : *Victrix
causa Diis placuit, sed victa Catoni.* Cette

pensée impie ne leur est point survenue dans l'esprit ; ils ont simplement porté leurs regards vers le Ciel , et apperçu dans les calamités qui les affligeoient des marques de son courroux ; mille fois plus heureux dans la pauvreté et les tourmens que dans l'opulence , ils ont répété pleins d'un saint enthousiasme : *Momenta-neum quod cruciat, æternum quod delectat.* Princes imprudens et téméraires , vous avez souffert qu'on déchirât le sein de cette tendre mère qui vous tendoit les bras , et qui y avoit conservé tant d'illustres de vos prédécesseurs. Ce n'étoit point pour elle , c'étoit pour vous qu'elle prévenoit votre cœur et votre incli-nation. Peu lui importent, encore une fois, les clameurs et les imprécations des hommes. Elle est et reste toujours la même ; et vous, vous disparoissez (1)... Qui plus que l'homme de bien auroit droit de se plaindre ? C'est

----

(1). Un Prince qui aime la Religion et qui la craint, est un lion qui cède à la main qui le flatte, ou à la main qui l'appaise. Celui qui craint la Religion et qui la hait, est comme les bêtes sauvages qui mordent la chaîne qui les empêche de se jetter sur ceux qui passent. Celui qui n'a point du tout de Religion, est un animal terrible , qui ne sent sa liberté que lorsqu'il déchire et qu'il dévore.

Montesquieu , Esprit des Lois, liv. 24 , *ch.* 2.

lui sur la terre qui est persécuté , et qui est la proie des méchans. Quelle sera donc sa ressource? La Religion... O Ciel! sans ce secours son courage est épuisé, et c'est alors qu'on pourroit dire que

La vie est un opprobre et la mort un devoir.

On a beau calomnier la mémoire de Louis XVI , et lui reprocher de n'avoir pas mis en œuvre tous les moyens pour arrêter les désastres de notre Patrie ; nous répondrons que son prédécesseur lui ayant légué , si je puis m'exprimer ainsi, toutes les semences de la Révolution , il n'étoit pas facile de les étouffer , parce qu'elles avoient germé dans les ames de la majorité des Français. L'impulsion étoit donnée ; il auroit fallu un Atlas en politique pour soutenir le monde moral prêt à s'écrouler ; il falloit, dans des Ministres un peu plus avisés que les nôtres, des colonnes pour l'aider à partager ce poids énorme, afin de le relever, et de le remettre à son à-plomb.

Les circonstances font les grands Rois, comme elles font les grands hommes.

Charles Ier. étoit rempli de courage, livroit et gagnoit des batailles , néanmoins la guerre eut une issue funeste pour lui. C'étoit ce sentiment élevé que chacun auroit voulu voir se développer dans la personne de Louis. Loin de nous l'idée de révoquer un moment en doute son sang froid et son calme dans les périls les plus redoutables. Il est plus d'une espéce de courage ; Louis XIII qui s'exposoit comme le dernier des soldats ; qui, au siége de Montauban surpassa toute l'armée par des prodiges de valeur, Louis XIII étoit pusillanime devant Richelieu, et n'avoit aucunement, dans les affaires délicates et critiques, cet air résolu qui sied si bien aux Rois.

Louis XVI auroit il été plus heureux que le Prince Anglais ? J'en appelle aux gens sensés qui ont à déplorer l'aveuglement des Français, qui, depuis 89 ne distinguoient plus dans leur Souverain, que le premier fonctionnaire public du Royaume, et qui l'eussent délaissé infailliblement, pour se ranger sous les bannières de ce qu'on nommoit la Nation, dans la crainte, en embrassant le parti royaliste, de ne point embrasser le parti où étoit la sublime Constitution de 1791. Nous n'aurions point été, il faut en convenir, poussés au point où nous en sommes, par la tempête révolutionnaire, si dans le principe on n'eût pas usé de ménagemens aussi fatals que ceux dont on usa pour complaire aux factieux qui déguisoient leurs véritables desseins dans cette foule de remontrances et de doléances, dont la Cour étoit journellement obsédée, huit ans même avant 89. Les tempéramens qui perdirent Louis, auroient certainement sauvé Charles dans le commencement des troubles. Charles se familiarisant beaucoup trop avec les actes de hauteur, cassa deux Parlemens de suite, s'attacha, plus qu'il ne devoit, au Duc de Buckingham son favori, indigne de son amitié, et indisposa son Peuple contre lui. Il ne s'opposa aux prétentions des Parlemens que pour se relâcher, deux ou trois ans après, des prérogatives royales les plus glorieuses, et se laisser détacher les plus beaux fleurons de sa Couronne. A force de ménagemens pour les Novateurs, Louis rendit le mal incurable. Il falloit des coups de foudre pour scarifier la plaie; on n'a lâché que des menaces illusoires. Charles acheva de se précipiter dans l'abîme, en s'embarrassant trop de Religion; Louis, ou plutôt ses Ministres, en ne s'en occupant pas assez. Dans la secte des Philosophes, comme dans la secte presbytérienne d'Écosse et d'Angleterre, paroissoient deux partis bien prononcés, qui s'accordoient bien à la naissance et au milieu des événemens, et qui finirent par s'entrechoquer et se battre. L'un, qui vouloit sur le trône un Roi, mais sans pouvoir, et dans l'impossibilité de contrarier leurs vues; c'étoient véritablement nos Constitutionnels de 91 : dans cette secte même, comme nous l'avons dit, en étoit un autre composé de membres plus audacieux, plein de l'idée d'une perfection chimérique; ils n'osèrent pas d'abord, dans l'impuissance où ils étoient, espérer la chûte de la royauté; mais ils la desiroient ardemment, afin de bâtir une République sur ses débris, et jouir de la gloire d'établir, sous l'égide de l'égalité philosophique, un gouvernement inconnu jusques-là; ce furent les républicains modelés sur Condorcet, Brissot et les Députés de la Gironde. Un tiers parti se produisit, et entra en lice; plus d'impétuosité, plus d'intrépidité décidèrent bien vite la victoire en sa faveur; et lui qui étoit obligé de se cacher sous sa nullité, vint à bout d'acquérir une prépondérance effrayante, et par les voies de terreur, de laisser bien en arrière, et les Girondins et les Brissotins.

Des propos et des menaces les Anglais, quoique plus sombres que nous, en vinrent presqu'aussitôt au fait, et coururent aux armes; les Français, plus légers, mais moins

francs et plus traîtres, caressèrent leur Monarque captif, et l'écrasèrent ensuite à l'im-
proviste. Les premiers, à proportion gardée,
se souviennent plus de leur Révolution qui
fit monter Charles sur l'échafaud, que nous
ne nous souvenons de la nôtre, quoique nous
n'en soyons nullement quittes ; et si l'on pouvoit calculer jusqu'où la jalousie de nation à
nation peut se pousser, on ne taxeroit peut-
être pas d'absurdité ceux qui prétendent que les
Anglais ont encouragé et enhardi les Novateurs
Français à un régicide, afin de donner un
pendant au leur. Les plaies encore sai-
gnantes qu'a faites la main de la discorde,
n'ont point altéré notre extérieur ; et la honte
ne nous a point transmis cette humeur ré-
fléchie et phlegmatique dont ces insulaires,
plus repentans que leurs voisins, portèrent
et portent toujours depuis l'empreinte sur
leurs physionomies. Malgré nos sottises et nos
actions exécrables, nous n'en reprenons pas
moins notre légèreté ; qu'on ne s'y trompe
pas, c'est la légèreté des hyenes et des tigres....
La faction républicaine existoit, il y a long-
temps, parmi les Protestans de notre pays,
et si l'on vouloit s'amuser à feuilleter les actes
synodaux de la démocratie Rochelaise, sous
la Mairie de Guiton, et sous le règne de

Louis XIII , on s'appercevroit aisément , que plus d'un Législateur conventionnel en a fait une étude particulière , et que plusieurs de nos Lois ne sont que les types de ces actes synodaux.

L'abandon de l'étiquette aux yeux de l'observateur attentif, n'a pas peu contribué à faire empirer le mal, et amener la dissolution de la Monarchie. Des flateurs , des philantropes hypocrites , attaquèrent le Roi par son foible, et lui représentèrent sans-cesse, la ravissante image de l'affection des Français, qui désormais ne seroit plus gênée par tout ce faste et cet appareil, plus convenables à **un** despote asiatique, qu'au Roi d'un Peuple sensible, qui veut être aimé ; ainsi raisonnoient ces perfides, afin d'égarer le cœur d'un **bon** Monarque. Des idées mal entendues de majesté, de grandeur, étoit mises en circulation dans toute la France, avec une affectation bien remarquable. Jamais Sénèque n'avoit débité de plus belles sentences et de plus belles maximes ; nous étions dans le siècle des oracles, par conséquent de la fausseté ; on les consultoit, ou les révéroit de toutes parts. Le plus beau cortége que pouvoit avoir un Souverain, étoit celui dont l'entouroit l'amour de ses sujets ; comme si ce cortége avoit été assez

imposant pour empécher le bon Henri **IV**
d'être frappé du poignard de Ravaillac :
helas ! ils faisoient dans le lointain glisser le
serpent sous des fleurs. Le philosophisme
nous promettoit le régne d'Astrée, pour nous
disposer à celui de l'anarchie, de la terreur
et des massacres. C'étoit sous la constellation
de Septembre, qu'il méditoit de nous convertir
en des hommes nouveaux. On devoit cependant déjà soupçonner par la fierté, l'aigreur,
le fiel et l'inquiétude dont les marques se
reproduisoient dans les ouvrages de ses partisans ; combien on auroit à redouter leur
esprit turbulent et désorganisateur, si le hasard
mettoit une fois entre leurs mains le dépôt
de l'antorité. Les économistes et les prétendus zélés patriotes en 1787, gourmandoient
les vices de la Cour, et tonnoient contre les
abus, d'une manière suspecte, et propre à
éveiller la révolte. On réforma donc, graces
aux conseillers et aux faux amis du Prince,
on réforma sa maison militaire. Elle seule,
au jugement du grand Frédéric qui s'y con-
noissoit, valoit une armée de trente mille
hommes. Dans quel oubli de ses intérêts les
plus chers étoit donc la Cour, qui s'affoiblit
elle-même, en écoutant des considérations
d'une économie voisine de l'avarice, et en

licenciant les Gendarmes, les Chevaux Légers, les Mousquetaires, et une partie des Gardes-du-Corps, troupes pour la plupart formées de l'élite d'une jeune noblesse, bouillante, pleine de valeur et de feu, et en qui l'attachement inviolable pour leur Roi, étoit le premier point d'honneur, tandis qu'on laissa subsister dans son intégrité le Régiment des Gardes-Françaises, dont les soldats, gens du commun, étoient par conséquent plus accessibles à la corruption ; aussi on leur doit la Révolution. Parce que les Gardes, Gentils-Hommes, offusquoient et intimidoient certains politiques qui avoient leurs desseins, on vint à bout de faire écarter, sous le spécieux prétexte du bien public, ces obstacles qui s'opposoient à la manie de régénérer. L'intervalle qui séparoit le Monarque de son Peuple, diminuant, on l'approcha, on le serra de plus près, on l'étouffa. On a applani toutes les difficultés aux principaux fauteurs de nos troubles, et on semble les avoir tenus par la lisière, dans le chemin rude, tortueux et escarpé qui aboutit aux révolutions. Le moindre regard de prudence et de sévérité pouvoit pétrifier ces pygmées atroces et les anéantir ; et les yeux du Souverain restèrent immobiles ! Les Grands ont souri complaisamment à leurs efforts ;

ils ont affermi les pas chancelans de ces pygmées, qui bientôt devoient grandir et devenir robustes, pour s'élancer sur leurs bienfaiteurs, les sucer et les dévorer. C'étoit la philosophie qui enjoignoit toutes ces marques de bienveillance et de considération. La France, depuis trois siècles, s'étoit épuisée en génies, et avoit été le réfuge des arts et des sciences. Quelques hommes de notre siècle, incapables d'atteindre, par leurs talens, à la gloire que les Racine, les Corneille, les Fénélon, les Bossuet et les la Bruyère s'étoient acquise, voulurent éblouir la multitude par les prestiges d'une éloquence trompeuse. Les dispositions naturelles du Peuple à se laisser surprendre par l'illusion des promesses fastueuses, contribuèrent à voiler la foiblesse de leurs moyens littéraires. Peut-être que, si, Bossuet n'eut pas existé, la crainte d'un semblable dévancier n'existant pas, tel des soi-disant philosophes qui étoit, par politique et par passion de la gloire, déiste ou athée, auroit cherché à faire des panégyriques de la Religion chrétienne, au lieu d'en faire de mordantes satyres. Pour parvenir à leur fin, ils empoisonnèrent de leurs louanges les Nobles et les Princes, et soufflèrent dans les classes inférieures, le feu de la jalousie et des haines contre les premiers. Catons dans leurs écrits, leur vie se consumoit dans la débauche. Septicistes, déistes, athées, tous visoient au même but, et avoient résolu de se frayer, à quelque prix que ce fût, la route du crime, dans l'espoir d'y rencontrer moins d'obstacles à leur célébrité, et de surpasser au moins en folie les plus illustres fous de l'antiquité. Le *fiat lux* n'appartenoit pas plus à Voltaire, Jean-Jacques Rousseau et Mably, qu'aux derniers du Peuple, puisqu'ils ont erré en morale et en politique, comme les ignorans les plus avérés n'auroient pas erré. Quel a été le fruit de tous leurs systèmes ? le seul, oui, le seul ; c'est l'invention du supplice de la guillotine : personne n'oseroit la leur contester.

C'étoit bien la peine de remuer le ciel et la terre pour remplacer les Richelieu, les Mazarin, par les plus mauvais garnemens du globe, et faire déifier aux dépens de Jésus-Christ, Marat qui par-tout ailleurs auroit été roué ou écartelé. Notre Révolution a inspiré des motifs d'indignation si justes et si raisonnables contre ces sycophantes, que les Gouvernemens seroient excusables de se défier à l'avenir d'eux en général, et d'avoir cette maxime des Ephésiens sans cesse devant les yeux : «Si quelqu'un excelle parmi nous, qu'il aille exceller ailleurs ». Sous l'empire de Domitien, ils furent chassés de l'Italie. Si les principes de ces Philosophes étoient les mêmes que ceux des modernes, doit-on blâmer cet Empereur d'avoir eu recours à cette sage précaution? Ne doit-on pas au contraire le louer? Méfions-nous un peu des choses horribles dont quelques historiens, sans doute vendus à la secte philosophique, ont chargé sa mémoire. N'est-ce pas que si Louis XVI, dont la bonté n'a pas besoin de preuves, se fut avisé d'exiler de ses Etats cette funeste engeance, son nom n'auroit été transmis à la postérité, qu'accompagné des épithètes que l'on prodigue à ceux des Néron et des Caligula, et qu'on auroit peint ce Prince infortuné sous des couleurs aussi affreuses, parce que ces exilés auroient composé le corps des Gens de lettres et des Historiens, par conséquent des distributeurs de la gloire humaine, et qu'ils auroient été dans ce procès avec les races futures, juges et parties en même-temps, Louis XVI auroit été un tyran? Cependant, qui aujourd'hui désapprouveroit cette mesure, et ne verroit-on pas avec plaisir, le sol Français débarrassé de ces latitudinaires en opinions politiques et religieuses, qui n'ont su que le teindre de sang ? Voilà combien le

sort des Souverains est digne de pitié, et
combien leur réputation est par fois injustement ternie ! Louis XVI en 1788 étoit le
Marc-Aurèle de la France, lui qui peu d'années après ne devoit être qu'un monstre, et
suivant les paroles de Lakanal, l'ami de Jean-
Jacques, qui feront frémir nos descendans, un
Carthouche, pour lequel la roue seroit un
supplice trop doux (1). Mais c'est Necker,
Necker sur-tout, dont le Ciel s'est servi dans
sa colère, pour inoculer à la France les principes les plus abominables, la peupler d'assassins, et élever plus de 40 mille bastilles
sur les décombres sanglants d'une seule. Dans
son Compte rendu, dans son livre de l'Admi-
nistration des finances, dans toutes les préfa-
ces larmoyantes et sépulcrales de ses ouvrages,

---

(1). Consultez le Discours de ce Député philosophe,
dans le procès de Louis XVI. Les Condorcet, les
Dulaure, les Robespierre, les Couthon, les Saint-Just,
les plus monstrueux personnages de la Révolution,
peuvent se réclamer de même, le titre d'amis des
d'Alembert, des Diderot, et de tous les autres ; ils
sont leurs disciples, qui plus est ; est-il étonnant de
les avoir vus aller plus loin que leurs maîtres. C'est
un effet de l'émulation humaine. Ne nous sommes-
nous pas prosternés devant des êtres pis que les Cro-
codiles d'Égypte ? Les fanatiques et les Philosophes se
ressemblent parfaitement, et dans leurs actions et dans

Necker

Necker a distillé les poisons noirs et livides ,
avec lesquels il desiroit depuis long-temps
nous suffoquer. Ce qui m'étonne, c'est que
cette foule d'écrivains et de journalistes n'ail-
lent pas chercher et tourmenter en idée, dans
sa baronnie de Coppet , cet hypocrite qui
nous a tourmentés lui - même pendant neuf
années , et qui n'a renoncé à tous ses projets
ambitieux en 1790 , que parce que d'autres
de sa trempe ont été plus fins et plus adroits
que lui. Rongé d'ambition , le ministère seul
pouvoit l'appaiser , et assouvir la soif des
richesses qui le dévoroit. Son grand talent
fut de tromper son Maître et la Nation ; de
se rendre intéressant aux Français , et de leur
faire entrevoir les disgraces qu'il éprouvoit ,
comme les leurs propres. Loin du tourbillon
des affaires, et du pouvoir attrayant qu'elles

---

leurs vœux. Zisca , général des Hussites , dans la
Bohême, ordonna à ces sectaires de faire , après sa mort,
un tambour de sa peau. Champfort souhaitoit qu'on
fit avec les boyaux du dernier des Prêtres , des cordes
pour étrangler le dernier des Rois. Allez, venez aujour-
d'hui comme Helvétius , dans l'intention de briser le
talisman d'imbécilité auquel est attaché le pouvoir des
Souverains, que vous appeliez des génies malfaisans ,
vous qui après vous être débarrassés de votre manteau
philosophique, avez essayé le manteau des Rois pour
nous abrutir et nous environner de ruines.

prétent aux hommes ; cette ame abymée dans
la mélancolie, faisoit passer dans ses écrits
cette teinte sombre, prophétisoit des malheurs, pour en causer véritablement, et faire
regretter son admininistration. Le Peuple avoit
la bonhomie de confondre cette tristesse et
ce deuil de l'ambition, avec la sensibilité d'une
ame grande et généreuse, qui a le courage
de nous plaindre, et de chercher pour nous
des remèdes dans la retraite honorable du
malheur. Que nous connoissions bien peu dans
notre siècle le fond du cœur humain !....
Quand les ambitieux ne sont plus en place,
et exposés sur la scène des Nations, ils se
croyent précipités dans la nuit du tombeau ;
et dans ce lieu de leur exil, la nature entière leur paroît lugubre et odieuse : de-là les
couleurs noires qu'ils empruntent pour nous
communiquer leurs sentimens et leurs opinions, qui ne sont que les résultats de leurs
haines et de leurs passions. La suite des événemens révolutionnaires fait son procès, ainsi
que celui des Sieyès, des Rabaut de Saint-
Étienne, des Barnave, des Target et des
Chapelier, ses amis et ses complices. Perfide ! quel a été le fruit de tes promesses séduisantes et de tes phrases pompeuses ? Quel-
ques-uns de ceux que je viens de nommer ont

péri , et le Ciel a permis que le autres sur-
vécussent pour être témoin des catastrophes que
leur délire a occasionnées en France. Ils vivent
pour leur honte ; chaque échafaud qui s'est
dressé a été leur travail ; le sang qui a coulé
a réjailli sur eux ; et tout le sang qui doit
encore couler , ce sera sur eux qu'il réjaillira.
Ils ont ouvert les larges veines du Peuple ,
sans qu'aucun Médecin parmi eux ait été
assez habile pour les fermer ; et tout ce
Peuple endure le supplice de Sénèque , qui
voyoit à ses côtés les assassins envoyés par
Néron pour le faire expirer dans le bain.
Mais , je le répète , c'est Necker , Necker qui ,
par son charlatanisme et ses feintes vertus ,
soulève mon ame d'indignation. Ah ! si les
remords peuvent se faire jour dans la sienne ,
combien ne doit-elle pas être déchirée ! Qu'il
songe à Louis XVI qu'il a humilié , rendu
captif, et enfin conduit sur la place Louis XV;
qu'il se rappelle qu'en Juillet 1789 , tandis
que ce Roi étoit dans son Palais en proie à
toutes les sollicitudes et à toutes les craintes
possibles , lui, insultant à sa situation , se
repaissoit avec délices des applaudissemens
des Parisiens effrénés , qui dans l'ivresse tumultueuse de leur joie , le surnommoient leur
père. Malheureux ! puissent les Euménides

te poursuivre à chaque instant du jour et de
la nuit , et te montrer le miroir fidèle de tes
forfaits ! puissent-elles dans chaque objet du
luxe qui t'environne, ne t'y faire découvrir
que voiles , que crèpes funebres , que morts
et mourans ! Vis , vis aussi pour effrayer les
ambitieux qui seroient tentés de t'imiter. Tu
n'as plus besoin d'ensevélir l'odieux de tes
projets dans les replis de ton ame scélérate ; la
Révolution française, qui est ton chef-d'œuvre,
la dévoile tout-à-fait. Chaque guerrier, en
Europe , qui tombe et meurt sur le champ-
de-bataille ; c'est toi , c'est toi qui lui as porté
le coup mortel ; c'est toi qui nous a livrés aux
Marat, aux Danton, aux Robespierre , aux
Hébert et aux Chaumette ; sans toi , l'un se
seroit contenté d'être Médecin , l'autre d'être
un mince Avocat ; celui-ci d'être Défenseur-
officieux de l'innocence, que depuis il a si fort
outragée ; et ceux-là n'auroient jamais pensé
à sortir de la dernière classe du Peuple , où la
nature les avoit rélégués. Malheureux ! c'est
toi qui les as animés de ton esprit infernal ,
et qui as retrempé leurs ames dans la tienne.
Gorges-toi dans ta baronnie , gorges-toi à ton
aise des mets les plus recherchés , tandis que
les Français les plus riches jadis , arrosent de
leurs larmes le pain de douleur auquel tu les

as réduits ; repais tes yeux d'amusemens fri-
voles , tandis que nous repaissons les nôtres
du hideux spectacle de la misère. Enfin , pour
chercher à te distraire , réveilles ton ame en-
gourdie et émoussée par la pointe des plaisirs , au son harmonieux de mille instrumens ,
tandis que les honnêtes gens en France ne
sont plus accoutumés à entendre pour concert
que les cris de la faim et du désespoir. Venge
toi-même Louis XVI par ton repentir; pleures,
pleures sur ta victime ; mais ne sème pas de
fleurs sur sa tombe ! ce devoir ne t'appartient
pas... En terminant cet article, il n'est pas hors
de propos de faire ressouvenir nos lecteurs
que ce sont des étrangers qui, comme Necker,
ont été les causes efficientes ou occasionnelles
de tous les bouleversemens arrivés dans la
France. Le Gouvernement français n'avoit
point l'œil assez soupçonneux et assez clair-
voyant à l'égard des étrangers, et à l'égard
des dangers qu'entraîne nécessairement leur
élévation dans un Royaume où ils n'avoient
point de Patrie. François I. commit cette faute
grave , en accumulant les dignités et les richesses sur la tête des Princes Lorrains.
Louis XVI dut se faire un bien plus grand reproche d'avoir honoré de sa confiance un
homme inconnu, et qui n'étoit recomman-

dable par aucune de ces précieuses qualités, qui fixent ordinairement l'attention et l'intérêt des Rois dans des momens de crise.

Charles Ier. eut dans Wentworth, Comte de Straffort, le Ministre le plus vertueux et le plus éclairé. Charles, par foiblesse, le sacrifia. Louis eut dans Necker le Ministre le plus pervers, le plus impénétrable à son Maître; et Louis, par le même sentiment de foiblesse, le conserva. Straffort vouloit affoiblir et comprimer le ressort du mouvement révolutionnaire imprimé à la grande Bretagne; Necker, par l'introduction de trois cents députés de plus dans le Tiers-État, en accéléra les progrès dans le Royaume de France. Il a beau dire emphatiquement dans son dernier ouvrage, qu'il est bien facile à celui qui est dans la plaine de condamner celui qui est placé sur la hauteur. Pourquoi s'y est-il élevé? pourquoi en a t il fait crouler l'anarchie et la révolte; c'est lui qui a donné la première impulsion; c'est donc lui qui est le premier coupable. Quand sur une montagne je détache un énorme quartier de rocher, vais-je supposer avant sa chute, que je pourrai l'arrêter, quand je l'aurai mis en mouvement?

Charles eut la crédulité de compter beaucoup pour l'amélioration de ses finances et

pour sa tranquillité , sur le fameux et sanguinaire Parlement de 1640 , qui devoit lui
aliéner le cœur de ses Sujets, le détrôner et
le conduire à l'échafaud. Cette crédulité funeste lui est commune avec Louis XVI , qui
se plut à tout espérer et tout attendre de
l'Assemblée des Etats-Généraux , pour soulager son cœur , resserrer les liens de l'amour
des Français , et combler le déficit qui pe-
soit sur eux. Après 175 années d'interruption ,
il convoqua donc cette Assemblée des Etats-
Genéraux du Royaume , qui , à presque toutes
les époques de sa convocation , avoit com-
promis les destinées de la France , et ne
les avoit pas rendues plus heureuses. Sire ,
dit avec liberté un des plus grands Seigneurs
de la Cour à Louis XVI , n'assemblez pas ces
Villains , ils perdront la Monarchie ». Vain
pronostic ! vaine remontrance ! le sort en étoit
jetté, et le tems de la destruction de ce bel
Empire arrivé. Le mauvais état des finances
força Louis à cette mesure impolitique
et inconsidérée , et l'engagea irrévocable-
ment dans ce dédale d'évènemens, où il nous
a perdus en se perdant lui - même. Com-
parez le discours de Charles , à l'ouverture
de ce quatrième Parlement si mémorable ,
avec celui de Louis , à la première session des

Etats-Généraux, vous y démélerez le même ton de franchise, de noble simplicité et do bonté touchante. La bonté ! ah ! elle fut aussi l'apanage des Stuards, comme des Bourbons, et aussi funeste à l'une et à l'autre famille. Le Tiers-Etat, dès le lendemain, annonça clairement les dispositions où il étoit de sauver à lui seul, comme il l'entendoit, le Royaume. Dans les débats sur la réunion des trois Ordres, les Membres de ce Tiers, tartuffes politiques, plaignoient le Clergé et la Noblesse de les voir renoncer à concourir à cet honneur, et enfin ils allèrent jusqu'à dire qu'ils représentoient seuls véritablement le corps de la Nation. Il n'y eut point de saus dans leur conduite : tout y fut gradué et nuancé dans les commencemens, parce qu'ils avoient à se créer une puissance, des amis, de zélés partisans ; électriser les têtes foibles, corrompre les armées, en un mot à tromper la saine partie des Français. Le titre d'Assemblée nationale que ces Etats s'arrogèrent, indiquoit assez quelles étoient leurs prétentions, et qu'ils ne les plaçoient que dans l'agréable perpective de pouvoir usurper le Trône. Leur attente fut remplie, au-delà peut-être de leurs espérances ; bientôt tout fut à leur dévotion ; et le 14 Juillet, les piques, le tocsin, le pillage, un signe de ral-

liement , l'incendie et le meurtre proclamè-
rent et sanctionnèrent la nouvelle autorité
qui alloit absorber et engloutir l'ancienne.
La politique devenue à la mode, comme la
manie des disputes religieuses le fut en Angleterre , s'infusoit dans tous les discours ,
dans toutes les conversations ; cette maladie
ne nous quittoit point dans les sociétés , dans
nos promenades ; et comme le fanatisme
dans cette isle , elle nous avoit tout-à-fait
défigurés, elle avoit anéanti parmi nous toutes
les douceurs et tous les amusemens de la vie.
Les lumières même du dix - huitième siécle
servirent à donner à cette politique un co-
loris plus varié , en multiplièrent et diversifiè-
rent les moyens , en augmentèrent prodigieu-
sement les influences , et firent sur nous l'effet
de ces éclairs redoublés et éblouissans, qui , à
force d'éclat , nous aveuglent... Dans le principe des mouvemens convulsifs de notre Patrie,
on attribua tous les abus et tous les vices du
Gouvernement aux Ministres que l'on con-
traignit à la fuite , que l'on saisit et que l'on
égorgea ; et, malgré cet aveu , peu d'années
après , on eut la scélérate effronterie de les
attribuer à la personne même du Roi.

On essaya jusqu'où pouvoit aller l'enthousiasme et l'effervescence populaires, afin de se faire à l'aide de cette exaltation, un rempart contre la crainte ; et, afin de nourrir cette exaltation, on répandit les bruits les plus absurdes les premiers jours de la Révolution ; on ne parloit que de grils destinés à faire rougir des boulets ; on ne parloit que de projets de faire sauter des quartiers entiers de la capitale, et, dans les moindres mesures d'une prudente et légitime repression de la part de la Cour, on n'appercevoit que des desseins atrocement médités. De l'esplanade de Montmartre, il s'agissoit de foudroyer tout Paris, de passer tout au fil de l'épée. Les habiles scélérats, auteurs de tous ces bruits, ne rougissoient pas de forger et d'exagérer des crimes dont eux seuls pouvoient concevoir les affreuses idées. Dès-lors les gens sages purent juger de ce qu'ils seroient capables de réaliser et d'entreprendre dans la suite. Les mêmes symptômes de terreur panique avoient précédé la Révolution anglaise. Qui ne sait combien on abusa de la crédulité des apprentifs, de la populace et de la menue bourgeoisie de Londres ? Les Catholiques n'avoient-ils pas formé l'affreux complot de faire sauter la Tamise avec de la poudre, pour noyer tous les Puritains de Londres ? et le Peuple, le crédule Peuple ne donna-t-il pas tête baissée dans ce piége ? pour faire transgresser toutes les lois, pour relâcher tous les liens qui unissoient les Français à leur Maître, à leur père, les Novateurs donnèrent carrière à leur éloquence infernale, et tout de suite la France fut inondée d'un déluge de pamphlets et de brochures séditieuses. Celui qui écrivoit avec le plus de hardiesse, étoit celui qui étoit le plus accrédité dans l'opinion publique. Jamais on ne s'émerveilla tant des progrès de l'art oratoire, et jamais il ne fut plus dégradé par l'enflure, le mauvais goût et une déclamation puérile. Avec l'accroissement de nos fureurs, s'accrut la passion du néologisme le plus ridicule et le plus propre à dénaturer et à faire oublier notre langue dans moins de deux cents ans, par la substitution de termes inconnus et barbares, qui font oublier les termes équivalens, qui sont purs et expressifs. On employa, comme en Angleterre, la plus scandaleuse et la plus vile imposture pour les adresses et les pétitions, fabriquées pour la plupart sous main ; et ces adresses et pétitions, qui n'étoient que des libelles de particuliers, se transformèrent cependant en vœux et en cris du Peuple français. On n'a jamais poussé l'indépendance plus loin à cet égard que l'Assemblée constituante, qui a donné dans ce genre les scènes qu'on pourroit dire les plus risibles, si l'on pouvoit se permettre de rire dans des tems de révolution, et l'on a jamais plus méprisé une Nation, dont on surprenoit si facilement la confiance, et que l'on rendoit dupe à ce point. Qu'on se remette dans la mémoire cette farce indigne jouée aux yeux de l'Europe, de cette députation de tous les Peuples de tout l'Univers, représentés par des Porte-faix, des Maçons, des gens sans aveu, et par une cohue de tout ce qu'il y avoit de plus immonde dans l'immense population de la Capitale, et qu'on nous demande si jamais aucun Peuple, dans les tourmentes d'une révolution, a présenté un acte d'ineptie pareille ? Et cependant cette Assemblée constituante passe pour avoir été réservée, éclairée et sage, tandis que c'est elle qui nous a familiarisés avec le sang et les troubles, et qui, après avoir lâché la bride aux passions du Peuple, l'a trouvé indomptable, dès qu'elle a essayé de le dompter pour sa propre sûreté, et par ambition pour son intérêt.

Les membres meneurs de cette Assemblée, éblouis des suffrages et des applaudissemens de la multitude, n'avoient pas toujours présente à l'esprit cette phrase énergique de

Mirabeau : « Il n'est qu'un pas du Capitole à la Roche-Tarpéïenne. » Tant pour leurs moyens politiques que pour leur génie, l'homme sensé doit en rabattre beaucoup. Les appellera-t-on adroits Législateurs ? D'adroits Législateurs savent élancer leurs pensées dans l'avenir, calculer et prévoir les évènemens, pour éviter et éluder leur choc, afin d'établir leurs ouvrages sur des bases solides. Appellez-les plutôt habiles architectes en ruines, et vous les aurez bien nommés. Ces Législateurs à courte vue n'ont pas assuré plus d'une année d'existence à leur sublime Constitution. N'ayant que des idées d'un jour, ils ont cru que les applaudissemens instantanés que leur prodiguoit un fol enthousiasme, retentiroient jusques dans la postérité la plus reculée ; mais leurs contemporains les ont déjà jugés, et ne les regardent plus que comme des hommes entourés de feux follets qui les ont séduits, et conduits au précipice. Certes, les noms de Minos, de Solon et de Lycurgue n'auroient pas franchi avec tant de gloire la nuit des siècles, si leurs lois n'eussent subsisté qu'un temps si court. Tout conspira en leur faveur, tandis que tout conspiroit contre Louis XVI, jusqu'à l'amitié de ses plus fidèles Serviteurs, dont plusieurs, en défendant sa cause, avoient été torturés et mis à mort par le Peuple, par ce Peuple de cannibales, qui envisageoit ces scènes de carnage du même œil que l'homme voluptueux envisage les plaisirs, sans qu'un généreux dévouement parut livrer Louis à des transports d'un juste ressentiment qui pouvoit encore pulvériser ses implacables ennemis.

Nous avons singé les Anglais dans leur délire et dans leur désintéressement patriotique. Les hommes, les femmes, les enfans, les pauvres, les riches, tout s'empressa de se défaire de ce qu'il avoit de plus précieux, et il n'y avoit pas assez de temps, ni assez de mains, pour recevoir tous les dons que l'on offroit sur l'autel de la Patrie, mais qui devoient bientôt descendre dans les coffres des Députés amis du Peuple et de ses plus chers intérêts. On ne manqua pas de comparer les dames Françaises à ces généreuses Romaines qui avoient donné une si belle preuve d'amour pour leur pays. Est-il étonnant ? Le Parlement d'Angleterre avoit eu l'initiative dans ce compliment mêlé de galanteries et de grands sentimens. Les uns ont étés singes, jusqu'à adopter les gestes des orateurs Anglais Parlementaires ; à nous rebattre sans-cesse comme eux les oreilles des noms des Caton, des Fabricius, des Brutus ; bienheureux ces illustres personnages de l'antiquité d'être pour quelque chose dans le gouvernement des états dont ils n'avoient jamais entendus parler durant leur vie ! Complaire au Roi , c'étoit une marque de bassesse dans l'un et dans l'autre pays , et quand on vouloit lui enlever son lustre , lui enlever ses amis , et le dépouiller de cet appareil de majesté, dont l'éclat rejaillissoit sur sa personne, c'étoit vouloir délivrer le Monarque de ses plus cruels et de ses plus mortels ennemis, et de toutes ses entraves. Ce sont eux qui ont fait rejetter les divers cahiers des premières Assemblées primaires , qui tous demandoient bien à la vérité, la réforme des abus , mais qui ne demandoient nullement le bouleversement de la Monarchie , et l'abolition de la Noblesse, sans laquelle le Gouvernement monarchique n'est qu'un phantôme.

Les Constituans , à l'exemple des Puritains ne prévoyoient peut-être pas les attentats que leurs mesures alloient faire commettre ; mais on peut dire qu'ils lièrent de même la victime, afin qu'elle fut sans défense et immolée sans danger pour la chose publique. Quand Louis étoit dépossédé de ses plus beaux droits, on lui faisoit de pompeux et d'ironiques remercimens sur sa modération , et plus on lui extorquoit de pouvoir , et plus on trouvoit qu'il en avoit trop. Il s'aggrandissoit dans leur imagination, comme ce Monarque Espagnol, à qui tous les jours on arrachoit quelques provinces. Les Constituans ont-ils bon air, pour s'excuser, de nous objecter que, si des scélérats ont tout bouleversé, ce n'est pas la faute de ceux qui ne desiroient qu'une meilleure Constitution pour la France et mieux adaptée aux mœurs de ses habitans. Cette Constitution renfermoit des abus, sans doute! Eh ! de quoi les hommes n'abusent-ils pas? *optimi pessima corruptio.* Doit-on en vouloir à la nature d'avoir crée le feu et l'air, parce que des brigands ont abusé du premier de ces élémens, pour incendier ma maison, et que le second, par la faute de mes voisins devient le véhicule du méphitisme et des immondices? Il n'est pas difficile de censurer après l'évènement : l'avenir est-il au pouvoir d'aucun mortel ? Il n'est pas toujours possible d'enchaîner les passions. ... Le sage lui-même est par fois entraîné par le torrent, et une force irrésistible le pousse en sens contraire de ses principes ; il lutte long-temps contre la violence des vagues ; il y cède enfin, pour recueillir ses forces et rentrer au port. Bientôt la tempête redoublant de furie devient supérieure à tous ses efforts, et le repousse au loin.

loin. L'homme qui contemple cette lutte loin
du danger , doit - il l'associer équitablement
aux brigands qu'il a combattus ?

Partisans de la Constitution de 91 , je fais
tenir à vos patrons un langage déplacé. Ces
objections se détruisent d'elles-mêmes , quand
on réfléchit que cette Constitution étoit viciée
dans ses racines ; qu'elle ne reposoit que sur l'e-
xaltation des passions populaires, et qu'elle avoit
en tête pour sommaire et commentaire , ce fameux tableau des droits de l'homme qui ne
sont que ceux des sauvages et des barbares, et où
l'on avoit consacré l'horrible principe de l'in-
surrection , comme étant le premier et le plus
saint des devoirs. La Convention n'a fait absolument que ce que vous lui aviez donné le
contagieux exemple de faire ; elle a renversé
votre édifice , assis sur dés décombres , et
qui n'avoit été affermi par aucun état solide
et durable. Une révolte avoit préludé la naissance du vôtre , une révolte (celle du champ
de Mars ,) préluda la destruction du grand
œuvre qui s'accomplissoit : c'étoit commencer
et achever sous des auspices peu favorables ;
Et ensuite de cela pour vous confondre , c'est
que cette Constitution n'étoit que l'échaffau-
dage que vous aviez édifié , pour bâtir à son
aide votre systéme Républicain. La preuve ,

c'est que Syèyes qui a construit les princi-
pales pièces de cet échafaudage , est aussi
celui, qui le premier, conformément au plan
établi , a , pour consolider la République ,
conseillé de sacrifier Louis XVI , et d'en arro-
ser les fondemens avec ce sang auguste. Oui,
Syèyes , Prêtre , Docteur en Théologie de la
sacrée Faculté de Paris , a été le premier
instigateur de cet assassinat , et depuis s'est
confondu avec la fange de la France. Grand
Dieu ! quel Minos que ce Syèyes ! rien que
sa figure blême , hâve , pâle et jaune dégoûte-
roit les Peuples de toutes les plus belles Cons-
titutions du monde , sorties des mains d'un
être à si lugubre physionomie. Les Constituans
peuvent-ils désavouer , nous le répétons , le
sensible et éloquent Robespierre , comme le
disoient les feuilles patriotiques en 1789 ,
peuvent ils le désavouer , pour avoir été alors
un de leurs Séides et un de leurs enfans perdus.
Ceux qui blâmoient en public son zèle indis-
cret , n'alloient-ils pas au club Breton le féli-
citer , et lui donner les marques de la plus
vive amitié.

Les Constituans n'ont-ils pas bonne grace
de traiter de révolte et de trahison , les attentats de l'Assemblée législative et de la
Convention, eux qui auparavant avoient donné

l'exemple de les commettre ? C'étoit bien la guerre de corsaire à corsaire. Ils avoient déclamé contre les flatteurs des Rois. et sitôt que la Révolution eut mis Louis XVI dans l'impossibilité d'en avoir, la flatterie, comme un serpent, se replia d'un autre côté, et s'entortilla autour du Peuple Français, c'est-à-dire d'une bête féroce. Jamais Souverain n'a été adulé d'une manière plus basse et plus rampante que la Nation Française, par ces Législateurs si vils et si audacieux ; les plus grandes sottises, les plus grandes fureurs ont été préconisées. Où es-tu Charles Lameth ? Toi qui s'écriois en pleine Assemblée : bon Peuple, excellent Peuple, on t'égare, les aristocrates te provoquent, etc. etc ; et quand tu apostrophois ainsi une canaille lasse, mais non rassassiée de sang et de carnage, tu as été récompensé de ton adulation suivant que tu le méritois ; et si ce bon Peuple, cet excellent Peuple eut pu te tenir en son pouvoir quinze mois après, Charles Lameth, tu aurois subi le sort des infortunés Foulon et Berthier, dont tu avois considéré l'affreux supplice, comme une justice un peu trop anticipée. Lorsque le patriotisme étoit, pour ainsi dire, placé à fonds perdu, c'est le moment que vous avez choisi pour gâter le Peuple, lui donner le mot pour la chose , et lui en faire à croire sur cette vertu politique.

La Reine d'Angleterre , Henriette de Bourbon , fut d'abord l'objet de la rage anglaise , de même que Marie-Antoinette le fut de la rage française en 1789 , 1790 et 1791. On intercepta les lettres d'Henriette , on en fit lecture en plein Parlement , et n'osant s'adresser directement à Charles , les factieux cherche-rent à l'attaquer dans la personne la plus chère , dans son épouse même. Peu s'en fallut qu'on ne procédât juridiquement et criminellement contr'elle ; et il est à présumer que , sans des considérations bien fortes par rapport à la France , elle eut peut-être été la première victime dévouée à l'animosité parlementaire. Qui ne sait avec quelle indécente licence , les journalistes s'entretenoient de Marie-Antoinette ? De quelles humiliations ne fut elle pas abreuvée ? Comment Camille Desmoulins , le Procureur-général de la lanterne , qui , à cette époque , versoit le ridicule sur la Religion chrétienne , et disoit dans sa France libre , » qu'il aimoit mieux voir Hercule tuant le sanglier d'Erymanthe , que Jésus - Christ noyant deux mille cochons. Comment Camille Desmoulins traitoit-il sa Souveraine ? C'étoit une Messaline , une Agrippine , une

Frédégonde, une Brunehaut, c'étoit tout, excepté elle-même, c'est-à-dire, une Reine aimable, spirituelle, pleine de grâces et de dignité, qui n'avoit eu que les torts d'une jeunesse relevée par la plus grande fleur de beauté et par l'éclat du Diadème ; en qui, dans ce siècle pervers, la méchanceté humaine se plut à interpréter très - en mal les plus legers mouvemens de sensibilité, et à confondre le desir bien naturel de plaire à son âge, et d'enchanter tous les cœurs, avec le desir même le plus effréné et le moins pardonnable. Encore quelque tems, osoit-il s'écrier dans ses feuilles abominables, et l'Autrichienne montera sur l'échafaud. Quel péril cette Princesse n'avoit-elle pas couru dans la nuit du 5 au 6 Octobre? Des têtes de Gardes-du-Corps, posées sur la pointe des piques parisiennes, et portées en présence de cette Reine qui voyoit par là le trophée qu'on auroit fait de la sienne, qui, dans la route de Versailles à Paris, vit au cœur de la France des milliers de cannibales faire de longues pauses pour se réjouir, boire, chanter et danser autour de ces têtes, et vociférer contr'elle-même les injures les plus grossières. O quel spectacle inoui ! quel deuil ! quel sombre étonnement durent suspendre toutes ses facultés ! Depuis

sa captivité dans la Capitale, ses yeux ne
se levèrent plus que sur des hommes mena-
çans et à figures sinistres, sur des grouppes
de motionneurs incendiaires qui infestoient
le jardin de son Palais, sur un Général, la
cause de ses malheurs, sur des perfides et des
traîtres ; et pour comble de douleur, sur des
amis fidèles, qu'elle ne pouvoit plus secourir.
Ses oreilles n'entendirent plus que les cris
insolens de *Vive la Nation !* que les hurle-
mens du Peuple, ses imprécations, ses chan-
sons insultantes, et les menaces faites à madame *veto*. Voilà quels étoient les plaisirs du
trône pour une Reine charmante qui, des
bras de la grandeur, des jeux et des ris, se
sentit repousser avec tant de précipitation,
dans ceux de l'ennui, de la tristesse et de
l'horreur. Qu'on lise dans les annales de tous
les Peuples, si jamais situation fut plus digne
de pitié et de larmes. Ne murmurons point
contre la divine Providence qui sauva Henriette d'Angleterre, et lui fit trouver un asyle
au-delà des mers, et qui ne jugea pas à propos
de se signaler par un miracle aussi frappant
en faveur de Marie Antoinette. Il auroit
fallu à Louis XVI le ton imposant, l'air dé-.
libéré, la fermeté, l'intrépidité et la présence

d'esprit de cette Princesse , et la France n'auroit point aujourd'hui le voile de la honte et de
l'ignominie étendu sur toute sa surface. La postérité lui rendra plus de justice que les contemporains trop prévenus par la lecture des chroni-
ques infâmes et scandaleuses que l'on a débitées
contr'elle ; comme si elles entâchoient en
rien sa réputation , et donnoient la mesure
de son caractère ! Oui , nous pouvons dire
que notre Nation , composée de vingt-quatre
millions d'individus , n'a compté d'hommes ,
dans ce siècle , qu'elle seule... L'esprit et la
grande ame de Marie-Thérèse d'Autriche l'a-
nimoient ; elle étoit capable de réveiller parmi
les Français engourdis ces élans , ces transports de zèle et d'amour que son auguste
mère savoit si bien produire dans les cœurs
des fidèles et braves Hongrois. Comme cette
Impératrice, elle se seroit mise à la tête d'une
armée , l'auroit aussi bien étonnée par son
courage et son sang-froid que par sa bonne
mine , auroit eu l'art de s'en faire idolâtrer,
et de le mener au combat et à la victoire.

Infortunée Marie - Antoinette ! je t'ai vue
au Tribunal révolutionnaire , en présence de
tes exécrables assassins; ta noble contenance ,
tes regards imposans , l'air de majesté dissé-

tes regards imposans, l'air de majesté dissé-
miné dans tes traits , dans ces traits de beauté,
que ni les cachots , ni la misére , ni les malheurs n'avoient pu effacer entièrement ; je t'ai
vue parcourir fièrement des yeux, l'enceinte
de cette salle , et te faire respecter par les
hordes du Peuple qui la remplissoient. Non,
tu n'as point démenti le sang auguste de
tant d'Empereurs , de Rois et de Reines, qui
couloit dans tes veines ; tu as payé d'un sourire dédaigneux les accusations atroces dont
te chargeoient des sujets, la lie des Français,
comme ils en étoient l'opprobre; et le Général ingrat , qui , pour capter la bienveillance de tes juges sanguinaires , osa proférer
des outrages contre toi. (1). Plus on a voulu
t'abaisser, et plus tu t'es élevée, et par tes
réponses et par ta fermeté.

Ce Tribunal t'a envoyée à la mort ; tu es
vengée en partie; il y a été à son tour.

Il avoit eu l'impudente effronterie de faire
inscrire eu-dessus de la porte du lieu de

---

(1). Oui , M. le Comte d'Estaing est ce Général.
Madame ,dit-il , je ne vous ai jamais aimée... Monstre,
ce peu de mots fait évanouir toute ta gloire.

ses séances, ces vers de Racine :

Celui qui met un frein à la fureur des flots,
Sait aussi des méchans arrêter les complots.

Il avoit gravé et prononcé lui-même son arrêt ; il a été exécuté.

A Londres, ainsi qu'à Paris, les chefs des conspirateurs qui maîtrisoient et dirigeoient à leur gré les mouvemens de la multitude, jettoient l'épouvante parmi les Parlementaires puritains, honnêtes et timides, et dans les occasions importantes où ils énonçoient leurs avis avec une liberté qui déplaisoit aux têtes exaltées, leurs noms étoient publiquement affichés, afin qu'ils fussent exposés à la vengeance populaire. Les Députés vertueux de l'Assemblée constituante redoutèrent aussi ce terrible appel à la vengeance populaire, et imitèrent la conduite pusillanime des membres du Parlement d'Angleterre....... Les Anglais, en favorisant dans le principe notre révolution, ont agi conséquemment. Ils nous ont rendu le mal pour le mal ; ils ont même moins influé sur les troubles de la France, que les Français sous Louis XIII, gouvernés par le Cardinal de Richelieu, n'influèrent sur la révolte d'Ecosse ; conduite détestable, qui sera toujours dans la postérité la plus reculée, une tache ineffaçable pour la gloire de ce Ministre, qui devoit au moins chérir la tranquillité d'un Prince allié de si près à la Maison Royale de France. Ignore-t-on que Mazarin est aussi violemment soupçonné d'avoir entretenu des correspondances avec les Ecossais, même lorsque ce Peuple avoit pour captif son Roi. Les applaudissemens que les Français, malgré leur prévention, ne pouvoient retenir à l'aspect de Louis, ébranloient les factieux de notre pays, et les faisoient trembler pour un retour de tendresse durable. Charles avoit excité parmi les Parlementaires qui avoient juré sa perte, le même sentiment d'effroi et de jalousie secrète, toutes les fois que les transports affectueux, et les plus vives acclamations le dédommageoient un instant des soucis et des chagrins dont on empoisonnoit ses tristes jours.

Un personnage jouissant de quelque réputation de guerre, distingué par sa haute noblesse, possédant au suprème dégré toutes les qualités qui prouvent la finesse, et nondes talens éminens, mais d'un médiocre génie, Essex, déjà avancé en âge, se mit à la tête des armées parlementaires. Un jeune homme qui s'étoit acquis quelque renommée en Améri-

que , orné pareillement de ces qualités extérieures si propres à séduire et à captiver le
vulgaire , chez qui la naissance étoit le plus
haut titre de recommandation ; du reste d'un
très - médiocre génie, La Fayette fut assez
audacieux que de lever le masque , pour faire
disparoître le héros , et se montrer dans les
premiers événemens de 89 , et de décider la
révolution , en conseillant , formant , orga-
nisant la levée des milices bourgeoises , et en
s'en faisant déclarer le Général. C'est à la
popularité dont il jouissoit , qu'il faut attribuer tous les maux de l'anarchie qui ont pesé
sur nous. Il a tiré le premier l'épée contre
son Souverain ; en la tirant il a jetté le four-
reau , et ne l'a ramassé que lorsqu'il n'en
étoit plus temps. Il eut comme Essex la faveur
populaire ; il éprouva comme Essex combien
o'étoit un appui fragile. Envain les constitutionnels de 1791 voudroient , aujourd'hui que
ce héros éphémère est dans les prisons d'Ol-
mutz , émouvoir à son égard notre sensibilité
et notre pitié, *res sacra*, *miser*, j'en conviens ;
mais nous ne devons ce respect et ces sentimens de la nature qu'à la seule vertu et à
l'innocence persécutée. Les devons-nous à La
Fayette ? au chef des Parisiens à la journée
du 5 Octobre ? Les Républicains eux - mêmes

en ont jugé plus sainement. Vergniaud disoit, dans le sein de l'Assemblée législative, et, il le disoit avec raison : » La conduite étrange de M. de La Fayette, qui, dans cette nuit horrible dormoit.... tandis que l'on fusilloit, mutiloit, massacroit les Gardes-du-Corps, et qu'une populace féroce s'acharnoit à la perte de la Reine, en perçant son lit de plus de mille coups de piques, ne sauroit jamais être oubliée par Louis XVI ; « il étoit bien éveillé quand il fallloit faire insulter et maltraiter les Seigneurs de la Cour à la journée dite des poignards ; il étoit bien éveillé quand il étoit question de faire arrêter son Roi à Varennes, et de ramener à Paris cet illustre prisonnier à la tête de plus de 40 mille GardesNationaux ; la nature ne succomboit donc chez lui, que lorsqu'il falloit défendre la vertu.? Après le 10 Août il ne voulu être que le soutien du Trône Constitutionnel ; s'il avoit voulu imiter Mouck, pour réparer tous ses torts, il auroit brusqué d'avantage sa marche ; mais, il vouloit se précautionner contre les ennemis du dehors, disoit-il, et se garantir de l'influence des mécontens aristocrates et des Princes émigrés. Il se perdit en tergiversant ; il fuit, et fut arrêté : son audace n'ayant expiré qu'aux pieds des Jacobins. Ah ! sans-doute que les larmes les plus amères du repentir vengent dans son cœur dénaturé par l'ambition, la mort de Louis XVI , de ce bon Roi qu'il aborda si souvent avec un air de mépris et de menace ; de ce bon Roi, dont personne , mieux que lui ne sauroit apprécier la bienfaisance, l'humanité , la douceur et la tendresse vraiment paternelle pour des enfans indignes et rébelles.

Les hommes que les Constitutionnels se plaisent à nous peindre comme les plus purs et les plus intègres, sont-ils tout-à-fait exempts de blâme ? Qui osera sourire à la conduite de Bailly qui accepte la place de Maire de la part des Parisiens, tout fumans encore du sang de Delaunay et de Foulon ; qui les caresse , fait, en recevant son Roi aux barrières , et en lui présentant les clefs, un compliment qui certes n'auroit pas été du goût d'Henri IV ? Qui, Bailly n'avoit pas le cœur assez endurci , et les yeux assez fermés à toutes les lumières , pour ne point sentir et reconnoître, dans la longue , humiliante et cruelle agonie que les buveurs de sang lui ont fait souffrir dans le champ de Mars , théâtre naguères de son triomphe et de sa gloire , pour ne point reconnoître, dis-je, la main d'un Dieu courroucé qui le punissoit. Les mêmes crde joie

(86)

qui avoient célébré ses triomphes, se faisoient
entendre à son ignominieuse exécution. Sans-
doute qu'il a dû l'invoquer du fond de son
cœur, et bénir la justice divine ; sans - doute
qu'il s'est dit à lui-même, comme l'Empereur
Maurice, en présence duquel le tyran Phocas,
faisoit couper la tête aux enfans de cet Empereur moins coupable, « Seigneur, vos juge-
mens sont justes ! Sans-doute qu'il repassoit
alors en revue toutes les circonstances de la cé-
lèbre Séance du jeu de Paume , où lui, Bailly,
avoit eu le front et la hardiesse , deprésider ,
contre les ordres de son Roi , et où , dès ce
moment, il avoit érigé Trône contre Trône ,
et levé Sceptre contre Sceptre. Au fond de
son cœur ne pouvoit - il pas ajouter et dire ,
*discite justitiam moniti , et non temnere
reges.* Messieurs les Constitutionnels , laissez-
là de côté le Philosophe et l'Astronome ; ce
ne sont pas ceux dont les pensées s'élèvent
vers les astres , qui en contractent le plus pour
notre bonheur , la pureté et le vif éclat ; et
de toutes les planettes qu'ils se sont efforcés
de connoître , la terre qu'ils habitent a toujours été pour eux la moins connue de toutes.
Plut à Dieu que certains eussent moins songé
à cette dernière , et que , le télescope braqué
vers Mars ou Vénus , ils l'aient totalement

oubliée ! Si votre Dieu favori n'est aux yeux des honnêtes gens qu'un Dieu foible, et complice, par sa foiblesse, des crimes d'autrui, que sera-ce donc de vos autres Dieux ? Oui, mettez - nous entre l'alternative du choix de la Constitution de 1791 et celle de 1793, je vous écouterai, et je choisirai la première, en disant *in petto*, choisissons *minima de malis*. Après une si funeste expérience, vous ambitionnez de nous ramener au gouvernement représentatif qui ne peut que perpétuer les désordres dans une étendue de territoire excessive pour ce moude. Eh ! ne savez - vous pas qu'il formeroit de nouveaux Marat et de nouveaux Robespierre ; le moule est tout prêt, tout disposé pour en reproduire, et nous faire par ce moyen tourner et retourner dans le même cercle de calamités. Cette Constitution que vous nous vantez avec tant d'emphase n'a-t-elle pas fait écrouler les fondemens de cette Religion que vous avez avilie, en salariant ses Ministres, et en rendant par ce subterfuge l'exercice du culte, un impôt des plus onéreux. Je croyois qu'en faisant naufrage, les passagers et le Pilote du vaisseau, devenoient plus sages et plus circonspects, et ne se hasardoient plus à s'embarquer, pour aller trouver le même écueil contre lequel ils avoient échoué.

Orgueilleux ! vous n'avez compté que sur vos talens et sur la force du Peuple, et le ciel vous a confondus, et fait tomber vos têtes à côté des lambeaux de votre code constionnel. Des bords fleuris de l'Empire des Lys, nous précipiter dans un abyme de sang ! Quel éloge pour vous, et pour vos glorieux travaux ! Que doit-on le plus s'étonner, ou de votre opiniâtreté, ou de notre sottise à suivre vos impulsions ? En voulant à perte d'haleine disséminer les lumières, vous les avez éteintes, et n'avez laissé subsister aucun foyer. Avant vos funestes innovations, le citoyen paisible, à la douce clarté du flambeau des sciences, se ménageoit la jouissance d'un entretien direct avec les grands hommes de l'antiquité ; grace à la marche révolutionnaire des Constitutionnels, il n'aura plus cette ressource, parce que ce flambeau précieux a été enlevé. Seront-ce les belles harangues de Mirabeau, Barnave, Chapelier, Robespierre et Danton, qui émousseront dans son ame l'aiguillon poignant de la douleur ? Vous avanciez à chaque page de vos écrits que les Monarques ne régnoient dans notre Patrie qu'à l'aide de l'ignorance avec laquelle ils assujétissoient leurs Peuples. O ! certes, vous les ayez instruits dans une doctrine humaine et lumineuse.

lumineuse. Des Avocats et des Procureurs tout-à-coup sortis de la poussière de leurs cabinets, étoient-ils bien propres à trancher du Lycurgue, et avec une certaine dose de bon sens, n'aurions-nous pas dû appréhender leur petitesse ? N'étoit-il pas vraisemblable qu'ils apporteroient dans la confection des loix politiques, le même goût pour la chicane, qu'ils apportoient auparavant dans les affaires contentieuses des particuliers. Bientôt vous auriez cru que le don des langues et des sciences leur étoit échu en partage dans l'Assemblée Constituante ! Un Procureur parloit de marine, un Evêque, d'art militaire, un Courtisan, de Religion, comme s'ils eussent été imbus de ces connoissances, dès leurs plus tendres années. Vous n'avez travaillé que comme des Chymistes qui ont bien l'art, à la vérité, d'analyser les métaux, mais qui n'ont pas celui d'en réunir les différentes parties, et d'en réformer un tout plus beau, plus joli et plus parfait qu'avant cette analyse, Qui ont occasionné ce renversement de tout ordre ? Les Constitutionnels. — Qui ont mis en avant et prêché les idées d'insurbordination ? Les Constitutionnels. — Qui ont façonné le Peuple à l'humeur des troubles et du pillage ? Les Constitutionnels et toujours les

Constitutionnels. — Au reste , sans répondre d'une manière précise aux Journalistes de ce parti qui ont l'impudence de nous dire actuellement : qu'on nous démontre que cette Constitution a causé tous nos maux.... Qu'on vous le démontre !.... Eh ! la démonstration en est dans tous les événemens de la Révolution ; voilà le sujet de votre honte que nous vous exposons.

Que l'on nous pardonne cette disgression qui nous a écartés un moment de la route que nous nous étions tracée. Nous allons y rentrer.... O ! nous avons besoin de ranimer toutes nos forces ; nous avons besoin, en nous identifiant avec le meilleur des Rois , de constance et de courage , pour supporter avec lui tous ses malheurs. Depuis la translation de la Cour de Versailles à Paris, le Roi n'étoit plus environné que d'un très-petit nombre de serviteurs fidèles , suspects à ce titre aux factieux , et qui dans la suite ont subi pour la plupart la destinée de leur Souverain , à la subversion de la Monarchie. Chacun des grands fugitifs s'étoit fait et se fait encore un mérite d'avoir donné de bons conseils qui n'ont pas été écoutés : c'est la seule consolation dont on nous paye. La plus grande faute de Louis fut de s'être rallié à

la Constitution de 1791 qui n'avoit de nerf
que contre lui , et qui étoit de nul ressort
contre les Jacobins , les indépendans de la
France , depuis long temps aux aguets pour
renverser cette Constitution , et écraser son
défenseur imprudent. On ne pouvoit en effet
se faire un appui d'une plus mauvaise planche , pour tirer la Monarchie du naufrage.
La passion de ce Roi martyr date de la journée
du 20 Juin , qui fut le prélude de celle du 10
Août. Louis XVI s'y comporta avec un héroïsme qui auroit flatté dans Louis XIV même.
Les Gendarmes , les lâches Gendarmes , ou-
vrent un débouché libre à la multitude armée ,
qui monta avec une pièce de canon jusques
dans les appartemens du Palais des Thuileries ;
la Majesté seule du Prince fut son salut en
ce jour , et paralysa des mains régicides que
la fureur étoit prêté à guider, pour lui percer
le sein. Madame Elisabeth et la Reine y dé-
ployèrent un caractère de sensibilité et de
magnanimité qui toucha et désarma les cannibales qui s'apprétoient au crime , et qui dé-
voroient des yeux ces victimes privées de
toute assistance. J'ai vu frémir d'indignation
le brave Régiment des Gardes-Suisses , rangé
en bataille sur la place Louis XV ; j'ai vu
couler les larmes de ces généreux guerriers

pleurant de ce qu'on enchaînoit leur courage, et annoncer ainsi le dévouement de leurs personnes pour des dangers plus réels. Je leur ai vu franchir le Pont tournant et marcher contre les scélérats avec allégresse ; un moment de plus, et c'en étoit fait de tous les monstres ; la France en étoit purgée. Quatre Régimens renforçoient les Suisses, et alloient unir leurs efforts ; mais des ordres vinrent et les firent rétrograder. Nous n'entreprendrons point de continuer l'historique de cette journée accablante ; cette entreprise nous éloigneroit de notre but. L'amour des Français pour le sang Royal parut se réveiller un instant, immédiatement après, mais ce fut son dernier soupir. Un Département, celui de la Somme, fit l'offre de 60 bataillons en cas de besoin ; on n'envoya pas un seul homme ; toute l'activité étoit réservée pour l'audace criminelle.

Dans tous les genres, nous n'avons rien inventé, nous n'avons fait que perfectionner. Les Anglais avoient déjà été nos modèles, en faisant la guerre à leur Souverain ; mais dans les détails de notre révolution nous avons renchéri sur leurs forfaits. Charles et Louis réduits tous deux aux dernières extrémités par leurs sujets infidèles, abandonnèrent, l'un la ville d'Oxford, la seule d'Angleterre qui fut constamment Royaliste , se déguisa et alla se réfugier dans le camp des Ecossois , qui finirent par le trahir , et le livrer à Fairfax et à Cromwel , par le plus infâme de tous les marchés. L'autre assiégé , et pressé au 10 Août par plus de cent mille individus , tant hommes que femmes , forma d'abord des plans de défense ; quoiqu'il n'eut qu'une poignée de soldats à opposer à ces hordes vomies de tous les fauxbourgs de Paris ; mais trompé par le faux zèle et la fausse pitié de Pétion et de Rœderer , il se réfugia de même , non pas chez un Peuple voisin , mais parmi ses plus implacables ennemis , à une portée de fusil du siége de son Palais ; il se retira dans l'enceinte de l'Assemblée législative , qui se conduisit à son égard , comme un Chasseur qui considère avec un transport de satisfaction la riche proie qui est venue tomber dans ses filets. Le Ciel ce jour-la , n'avoit jamais été plus azuré et plus pur , et cependant c'étoit le jour de la destruction !. A 9 heures du matin l'attaque commença ; à 11 heures du matin , il n'y avoit plus ni Trône , ni Monarchie ; Danton étoit maître. Brave Turler , tu te signalas pour un Roi , qui n'étoit pas le tien , et quoique né dans une République , tu donnas à l'Europe attendrie , un exemple de ce que peuvent la loyauté et la fidélité unies à la valeur.

Tant qu'il y aura des hommes sensibles aux actes de vertus héroïques, ton nom vivra dans leur mémoire (1). Jamais mortel, le front ceint du diadème, n'avoit, jusqu'à cette sanglante journée du 10 Août, été mis à une plus terrible et plus cruelle épreuve que Louis XVI, qui proche du théâtre de carnage où l'on se battoit, les uns pour sa cause, les autres pour sa perte, restoit entre le Trône et la mort la plus affreuse, ayant tout à redouter de l'aveugle rage de ses sujets qui méconnoissoient toute autorité, passoient toutes bornes, et qui pouvoient, par des tourmens

____

(1). Consultez l'Histoire du 10 Août, édition de Paris, avec des cartes, par Peltier, avec cette épigraphe :

J'entends encore ces cris, ces lamentables cris,
Ces cris, sauvez le Roi, son épouse et son fils.

et vous vous convaincrez que ce fut ce Capitaine Suisse qui balaya le Carrousel et la Cour Royale, et que par sa présence d'esprit et l'habileté de ses manœuvres, il auroit pu sortir vainqueur d'un combat si inégal, sans les ordres contraires qui vinrent aussi l'arrêter au moment d'un triomphe. Turler a survécu à la défaite des Suisses. Il est aujourd'hui dans ses foyers.

indicibles lui prolonger les souffrances de cette mort. Des têtes promenées à la pointe des piques et des bayonnettes, des cadavres entassés, le feu mis aux casernes Suisses, des fusillades dans les rues contre les porteurs d'habits rouges, une populace douée tout-à-coup de l'instinct effroyable des taureaux, qui s'effarouchent, et se jettent sur les passans, à la vue de cette couleur ; les cris, la confusion, inséparables de ces horreurs, tel est en abrégé le tableau de cette journée meurtrière, et c'est une bien faible ébauche ; ajoutez à cela le bruit du tocsin, et dites-moi, si l'enfer pouvoit être un séjour plus abominable que Paris, et faire entendre des sons plus désespérans ?.... Nous ferons remarquer avec plaisir à nos lecteurs que ces Marseillais turbulens qui fixèrent par leur féroce bravoure la victoire sous les drapeaux des Jacobins, n'ont pas porté loin l'impunité de leurs attentats, et que le Ciel avoit désigné les Vendéens pour en tirer une vengeance exemplaire dans la ville de Thouars, où ils furent presque tous immolés.

Trois ou quatre jours après cette catastrophe, Louis, escorté par le fantôme de la Garde Nationale Parisienne, fut transféré au Temple, sous le commandement du brasseur de bière , Santerre , le Harrison des Français pour le tour d'esprit , les manières et le défaut d'éducation. La Reine , le Dauphin , Madame Elisabeth, et Madame Première y furent aussi transférées dans la même voiture, et renfermées pour ne plus voir le jour que perpendiculairement (1). Toute communication avec la terre leur fut interdite, le Ciel seul leur fut laissé. Le 2 Septembre ne tarda pas à venir pour redoubler les angoisses de leur dure captivité , et leur faire présager à tous le sort qui leur étoit réservé. Notre Révolution a été une Révolution de calcul, jusques dans les massacres qu'elle a ordonnés ; dans celui - ci on stipula froidement le nombre d'hommes à sacrifier, et la proportion auroit toujours été en croissant , si l'armée Prussienne , lors de son invasion dans les plaines de Champagne , se fut avancée davantage du côté de Paris.

Le mois de Janvier , moins fatal aux Souverains , combla la mesure de tous nos for-

––––––––––––––

(1). Pour ceux qui auront vu le Temple depuis cette translation, ce que je dis sera clair. Les croisées de leurs chambres étoient obliquement masquées par des planches de bois , de manière que le jour ne pouvoit leur parvenir que par en haut.

faits , et imprima le sceau de l'infamie sur
toute notre Nation (1). Jusques-là Louis XVI
résigné à tout, et supérieur à ses maux , avoit
consacré le temps aux devoirs consolans de
la Religion , et quand il le pût , à l'éducation
du Dauphin , de ce fils innocent que l'infor-
tune devoit lni rendre si cher , éducation que

---

(1). L'instruction de la procédure inique contre la
Reine douairière de France , alors Reine d'Ecosse ,
Marie Stuart , commença au mois de Janvier ; il est
vrai que cette Priucesse n'eut la tête tranchée que le
18 du mois suivant. Le procès de Charles Ier. s'ins-
truisit aussi dans ce mois sinistre , et ce Prince termina sa carrière le 9 février, de même que son ayeule.....
Il est à remarquer qu'un crime partiel , qui demande
de la réflexion , s'exécute presque toujours en hiver ,
tandis que ceux qui demandent de la vigueur , de
l'action et une grande effusion de sang , se commettent
en été. La chaleur semble être le tocsin naturel des
Peuples, et les faire courir aux armes et à la mort.
Les mois de Juillet et d'Août , mois d'effervescence ,
sont les plus dangereux pour l'espèce humaine , et
nous prouverions, en citant les évènemens les plus
tragiques de l'Univers , qu'ils ont eu lieu pour la plupart dans cet espace de tems ; mais nous ne faisons
point ici une histoire... Aussi le Sénat Romain avoit-il
eu la sage politique de multiplier dans cette saison les
jeux du Cirque et tous les autres amusemens publics ,
afin d'opérer une diversion capable de retenir la
fougue populaire doublée dans cette saison.

la mort devoit rendre si peu profitable. Leçons de Géographie, d'Histoire, de Morale, de Politique, il ne négligeoit rien pour former son cœur à aucune de ces sciences, ni aucun de ces soins si utiles à l'enfance, principalement à l'enfance d'un héritier présomptif d'une vaste Monarchie. Un décret de la Convention, terme qui n'est pas inconnu dans les troubles d'Ecosse et d'Angletterre, puisque Ireton et Cromwel organisèrent aussi une Convention Nationale, vint arracher Louis XVI à ses occupations, l'en distraire brusquement, et le faire songer à lui-même et à sa qualité d'homme. Ah! ce Roi navré de douleur, n'avoit pas besoin de se faire avertir tous les matins, à l'exemple d'un Roi de Perse, qu'il étoit mortel. Une Tour, des verroux, des Gardes silencieux, des visites nocturnes ne lui annonçoient que trop la fragilité des choses humaines, et le peu de cas qu'on doit faire de cette vie, qui n'étoit plus pour lui qu'une vallée de miséres. La France, l'Europe, le monde entier étoit attentif au dénouement de cette scène, et trembloit d'effroi t d'ho rreur, comme à l'approche d'un ouragan terrible et univesel. On croyoit que les remords des Anglais seroient fructueux, et empêcheroient les Peuples de l'Europe de commettre un second régicide.

On a pu observer, en feuilletant les His-
toires, tant anciennes que modernes, qu'au
milieu des dissensions les plus violentes,
jamais des rébelles que le sort des armes, ou
l'opinion publique avoit le plus favorisés, ne
se sont avisé d'instituer un Tribunal de Juges
et de Parties tout-à-la-fois, pour rabaisser les
Souverains jusqu'à la qualité d'accusés. On a
vu des assassinats de Rois et d'Empereurs ;
on a vu la mort tragique du malheureux
Conradin ; de la Reine Jeanne de Naples et
de tant d'autres têtes couronnées ; c'étoient
des passions particulières qui agissoient contre
ces victimes, et les Princes qui se permet-
toient de violer ainsi tous les droits du sang
et de l'humanité, n'appelloient pas à leur
vengeance tous les habitans de leurs Etats,
et ne la déguisoient pas sous les formes ordinaires de vengeance nationale. Ce n'étoient
qu'eux-mêmes qui se vengeoient, soit par
leurs propres mains, soit par leurs créatures.
Les Romains faisoient périr, contre le droit
des gens, les Rois captifs ; mais ces Rois
captifs n'étoient pas leurs Princes. Preuve
que les exemples de ces attentats contre la
Majesté Royale sont inouis, c'est que dans
la Convention Française, où il se trouvoit
des hommes profondément iustruits, avec une

profonde scélératesse, plusieurs se sont creusé
le cerveau et mis l'esprit à la torture, pour découvrir en vain, quelque trait de ce genre ; il
est vrai qu'un Camille-Desmoulins ,' qui avoit
pâli plus long-temps qu'un autre sur les histoi-
res , vint à bout de penser dans la nuit des
temps plus qu'héroïques , celui des Arcadiens
qui condamnèrent à mort leur Roi Aristocrate.
Premièrement, on ne voit pas que ce Peuple
grossier l'ait condamné juridiquement, comme
nous l'avons fait à l'égard de Louis XVI.
Ensuite qu'étoient les Arcadiens dans ces
temps obscurs ? Qu'étoient les Rois alors ?
Transportons - nous en idée dans ces siècles
reculés, et voyons si ces Rois étoient ce qu'ils
ont été depuis , c'est-à-dire tout puissans , et
si ce n'étoient pas au contraire de simples
chefs de plusieurs familles formant une société , une peuplade. D'ailleurs , dans ces
temps , voisins des siècles fabuleux , le pacte
juré entre ces Chefs et ces Peuplades , ne
l'étoit pas aussi solemnellement, et ne renfermoit pas des intérêts aussi vastes et aussi politiques que le nôtre. Il n'y avoit pas besoin
de tant rafiner ; les relations intérieures et
extérieures , ne demandoient, ni financiers ,
ni Ambassadeurs , ni Ministres , ni si grande
étendue de sagesse et de prudence , et c'étoit

à ces petits Peuples qu'il étoit tolérable de dire a leurs Rois, observez nos'loix, nous vous serons fidèles, sinon, non. Ce langage fier qui appartient primitivement aux Sociétés naissantes et peu nombreuses, seroit déplacé dans la bouche des Nations Européennes, vu la nature de leur Gouvernement, et l'intérêt de tous. En outre, est-ce une gloire bien flatteuse pour des Français qui se croyoient au-dessus de leurs bons ayeux, d'aller compulser toutes les annales, pour être contraints de se réfugier en Arcadie, et d'y recueillir un misérable trait d'histoire qui ne signifie rien en lui-même, puisque depuis cette immense espace de temps, les hommes et les choses ont si fort changé. Tout doit être égal dans les objets de comparaison. Quand on va citer un exemple aussi à faux que celui qui concerne cet Aristocrate, Roi d'Arcadie, autant vaudroit, pour nous figurer les Souverains de la terre, nous parler des Rois Nègres, qui malgré leur titre, n'en sont pas moins plus misérables que les derniers des Matelots des Rois d'Agleterre ou de Dannemarck. Que l'on compare donc aussi le méchant tronc d'arbre qui leur tient lieu de Siège Royal, aux Trônes les plus resplendissans de l'Europe et de l'Asie ? Ciel ! pour

accomplir ses noirs desseins , comme le scélérat sait tout mélanger dans sa tête , et faire des
rapprochemens forcés qui répugnent autant à
nos mœurs et à nos habitudes , qu'à toutes
nos idées de diplomatie , d'arts et de sciences !
Encore une fois , qu'étoit-ce que l'Arcardie ,
pour oser recourir à elle ? Fut-il un Peuple
plus méprisé , plus épais et plus rustique ?
C'étoit un beau modéle à copier pour des
Philosophes. Cromwel employa un peu moins
d'érudition dans l'assassinat de Charles I. , et il
ne lui vint pas dans l'imagination de munir les
Juges , ses machines , de tels argumens. Tout
au plus dressa-t-il ses batteries en faveur des
lieux communs , de souveraineté du Peuple,
du droit de punition à l'égard même des
Rois , etc. Ce trait relatif au Roi Aristocrate
seroit des plus authentiques , qu'il ne sauroit
excuser notre folie et notre rage. Quoi ! une
seule tâche de cette nature dans toute l'histoire , et cette tâche, n'est pas chez les Assy-
riens , les Perses, les Macédoniens , les Grecs
et les Romains , mais chez un très-petit Peuple
relégué dans un coin de terre, qui n'a jamais
eu de renommée qu'à cause de l'ignorance et
de la grossièreté de ses habitans , et , depuis
deux siècles , deux Nations puissantes et
éclairées de l'Europe vont s'imbiber de deux

tâches les plus indébiles. Honneur, honneur à la philosophie.

Charles I. récusa ses Juges, et dans son discours qui respire la plus grande noblesse de sentimens, il s'exprima comme s'il avoit été sur le Trône; et non à côté, il leur déclara qu'il n'étoit pas assez septiciste pour douter de leur force, mais qu'il étoit leur Roi héréditaire par le droit de sa naissance, que toute l'autorité de l'état, libre même et réunie n'avoit pas le droit de lui faire son procès, à lui qui n'étoit redevable de sa dignité qu'à la suprême Majesté du Ciel, et que ceux qui s'arrogeoient la qualité de ses Juges, étoient nés ses sujets, que leur autorité n'étoit pas mieux fondée que celle des voleurs et des pirates; qu'ainsi il devoit laisser l'apologie de son innocence (1). Louis moins fier, moins pénétré peut-être de son caractère de Roi, sembla reconnoître ses Juges, en se désignant trois défenseurs officieux, et par l'organe de Desèze employa dans son apologie tout ce que l'éloquence a de plus pathétique et de plus fort. Plus de hauteur, plus de fierté auroient plutôt enflammé le cœur des

---

(1). C'est la courte analyse du discours de Charles Ier. en présence de la Haute-Cour. (*Extrait de Hume.*)

Français, et ressuscité l'honneur parmi eux.
Peu lui importoit : il n'avoit plus rien à ménager, puisqu'il devoit savoir que des sujets
qui ont la pensée de traduire en justice leur
Souverain, ont déjà prononcé son arrêt de
mort. Après des formalités illusoires, après
avoir été assurés de leurs moyens d'exécution, cet arrêt foudroyant qui devoit condamner à l'infamie et à l'exécration tous les
Français, fut rendu par les scélérats, et an-
noncé d'une voix tremblante par Vergniaud
leur Président. Louis XVI préparé au terrible
passage de cette triste vie à une autre meilleure, n'eut pas de plus grands tourmens à
souffrir que ceux d'embrasser pour la dernière
fois sa famille, et de faire, au fond de son
cœur, les plus tendres adieux à la Reine et
à ses enfans. Quelle séparation cruelle! quels
mouvemens variés de douleur et d'amour !
Qu'on se figure l'air éperdu, qu'on entende
les cris de Marie-Antoinette, de Madame Elisabeth; qu'on se représente le petit Dauphin,
se précipitant aux genoux des Gardes, leur
tendant des mains suppliantes, et qui leur dit
d'un ton si ingénu, si touchant. Ah! messieurs,
ne faites pas mourir mon papa Roi ! Enfant
malheureux ! tu aurois plutôt adouci des tigres
que leurs ames. Ah! consolez-vous, vous vous
reverrez

reverrez bientôt tous , excepté toi , jeune Princesse , qui resteras destinée à faire revivre
sur la terre les vertus de Louis , et à croître
et embellir , ainsi qu'une fleur autour des
tombeaux.

Enfin , sort du Temple Louis XVI , ayant
à ses côtés dans la même voiture, M. Ergevold
de Firmont , son dernier ami et son dernier
consolateur. Le Roux , officier municipal ,
venu dans des intentions bien différentes ,
et qui prétoit aux scélérats un ministère bien
éloigné de la sublimité du caractère et des
fonctions de ce Prêtre vénérable ; le Roux ,
Prêtre lui-même , qui avoit trahi les intérêts
de son Dieu , précédoit à cheval. Garat ,
j'allois t'oublier; Ministre de la Justice des
tyrans, tu notifias le 20 Janvier , la sentence
de mort au Juste même, au Juste par ex-
cellence ; tu n'as pas une de ces physionomies
qui décèlent la scélératesse , et dont l'aspect
fait reculer l'honnête homme de frayeur. La
tienne est douce, prévenante , et semble
commander l'intérêt, mais on dit que c'est
chez toi le vernis du crime. Cependant, Garat ,
tu n'étois pas un forcéné , un énergumène
familiarisé avec lui ; souvent , il est vrai , tu en
as fait l'apologie, tu as été même jusqu'à faire

l'éloge du 31 Mai, et à jetter un voile officieux sur les massacres de Septembre ; mais
tu l'as fait bien plus par lâcheté la plus in-
signe , que par méchanceté. As tu bien pu
envisager d'un œil sec ce Roi martyr ? La nature révoltée de ce tableau ne te crioit-elle
pas : Malheureux ! c'est Louis XVI ; c'est un
Roi bienfaisant , c'est le Titus des Français
que tu mènes à l'échafaud ? Il est donc vrai
que pour un bon Prince , le supplice ou des
autels lui sont réservés , qu'il n'y a pas de
milieu !... tu l'as flatté ; c'est ce Prince dont tu
admirois n'a guères la bonté , lorsqu'il étoit
environné de la pompe royale. Le Monarque
tout entier n'étoit il pas toujours présent à
ton imagination ? Autrefois un seul de ses
regards eût porté le ravissement dans ton
cœur, et tu l'aurois béni mille et mille fois
dans l'ivresse de la reconnoissance. A cette
heure , à cette heure où les Gardes, où le
Trône , où les courtisans, où la Cour ont
disparu , où Louis tout seul n'étoit fort que
de son malheur et de ses vertus , tu crains
encore que tes regards ne se lèvent sur les
siens , et qu'en les rencontrant , tu ne sois
obligé de les confondre dans les mêmes affections douloureuses ; tu y aurois lu ta con-
damnation. Ton ame oppressée de tant de

sentimens de pitié, d'estime, de crainte, de honte, par un retour sur toi-même, par un retour plus prompt encore sur ce Roi si puissant jadis, si humilié, si abandonné maintenant de la terre entière, ton ame n'étoit-elle point bourrelée, affaissée, écrasée? N'as-tu pas dû souffrir dans ton être, plus que ton Roi, qui ne quittoit qu'une couronne terrestre pour aller en acquérir une autre au Ciel, plus durable et moins sujette à être brisée par la fureur des hommes. Eclairé, mais égaré par les lumières de la raison humaine, élevé par ton esprit au-dessus du vulgaire, ne reconnoissois-tu pas dans cette auguste victime, dans les humiliations dont on la rassasioit, l'ingratitude monstrueuse de ces Français, des habitans de cette bonne ville de Paris, qui l'attendoient en armes sur les boulevards. Ce titre de Roi bienfaisant qu'ils lui avoient donné ne faisoit-il pas ressortir à tes yeux toute l'horreur de cette scène? A ton air embarrassé, abattu, réfléchi, inquiet et rêveur, n'aurois-tu pas été pris, avec raison pour le véritable criminel? Oui, jamais par l'éclat de ses vertus et l'héroïsme du malheur, il ne fut plus digne d'être ton Roi, et l'on ne vit jamais sujet plus tremblant et plus respectueux que toi. Garat !

quelles images grandes et terribles t'accableront jusqu'au sortir de cette vie fragile. Un bon Roi ! des bourreaux ! un Palais ! la route de Versailles ! un échafaud ! une statue de Louis XV renversée, la tête de Louis XVI dégoûtante de sang présentée aux avides et farouches regards des spectateurs , le souvenir du rôle que tu jouas , quelles sources de réflexions amères pour toi ! En dépit de ton patriotisme, l'on a vu tes pleurs couler , au récit de l'agonie de Louis XVI. Ne te défends point de ce mouvement involontaire de sensibilité , tribut payé à la mémoire du plus clément et du meilleur des Rois. Quels secrets touchans tu pourrois divulguer à la France et à l'Europe ; mais l'ambition, mais le desir d'être attaché au char de la fortune et du Gouvernement actuel , t'aveuglent et t'étourdissent. La froide vieillesse viendra glacer tes veines , et par tes remords , *dabis, dabis, improbe pœnas....* Lâches Parisiens, vils bourgeois, vous avez escorté votre Roi au supplice , loin de le défendre dans les combats. Où sont les armées qui , comme en Angleterre , ont pris le parti de leur Souverain ? quelles sont les batailles livrées en sa faveur ? Les tyrans qui méprisoient vos services et votre vaillance , ont eu le plaisir de vous rendre tous complices. Louis XVI traversa toute la longueur des boulevards bordés par deux haies de gardes nationaux pâles , défaits , et dont les yeux se mouilloient de larmes.... le plus morne silence régnoit. La nature sembloit avoir fait une pause ; les scélérats eux-mêmes frissonnoient d'horreur. Les bourreaux de Londres s'étoient enfuis à l'approche de l'exécution de Charles Ier. , et ce fut un Gentilhomme masqué qui fit leur office. Ceux de Paris demeurèrent ; au reste , on en auroit trouvé vingt mille pour un dans ce siècle. Tous les attributs de la royauté expirante décoroient la personne de Charles , et donnoient au spectacle de son assassinat une teinte plus affreuse , en offrant des idées rapprochées de grandeur et de néant qui terrassoient. C'étoit le monde et ses pompes qui alloient finir avec lui. Cromwel , tyran moins ombrageux que les nôtres , n'ordonna point d'étouffer par le bruit d'une musique militaire , la voix de son Roi , et ne lui fit point refuser la triste consolation de parler à ses sujets. Les pleurs du Peuple de Londres désavouoient assez éloquemment ce parricide , et l'on auroit dit un père chéri qui alloit rendre le dernier soupir auprès de sa famille qui se tenoit dans l'éloignement , parce que des satellites armés servoient de barrière contr'elle. Louis XVI ne vit sur la place de Louis XV, garnie de tous les Jacobins de Paris, que des visages hagards, et mille fois plus farouches que ceux des bourreaux. Ses paroles auroient pénétré dans ces cœurs de marbre, et s'y seroient insinuées pour ouvrir passage à la compassion et au repentir; aussi les tyrans avoient-ils fait donner la consigne à Santerre de faire placer et battre les tambours autour de l'échafaud, pour interrompre le Roi, dont on ne put recueillir que ces expressions : *Français, je meurs innocent !... je pardonne à tous mes ennemis.... puisse ma mort être utile au Peuple.* On a observé qu'il les prononça du haut de cet échafaud, avec autant de dignité que s'il avoit été sur son trône. La sérénité peinte dans tous ses traits, retraçoit assez les sentimens de piété et de religion qui l'animoient dans ce moment de crise.... Santerre agitant son sabre, et couvrant de sa voix le bruit des tambours, fit signe aux exécuteurs, et leur cria : Bourreaux, faites votre devoir, faites votre devoir..... Juxon, Evêque de Londres, dit à Charles : Sire, c'est un moment révoltant, mais ce n'est qu'un moment. Ce Prince fit lui-même l'apprêt de son exécution, examina le coutelas qui devoit séparer sa tête du tronc , recommanda au Gentilhomme masqué qui faisoit l'office de bourreau , de ne point le manquer , et s'interrompit même au milieu de son discours , pour conjurer quelqu'un qui touchoit au fatal instrument, de le laisser , de peur d'en émousser le tranchant. Son discours fini , il embrassa tendrement Juxon, s'agenouilla, fit une courte prière , étendit les mains , signal dont il étoit convenu avec le Gentilhomme qui lui fit voler la tête d'un seul coup , la ramassa , et cria d'une voix forte : Cette tête est celle d'un traître.

Louis XVI songeant moins à l'homme, ne s'occupa plus de lui ; il ne vit plus ni les Français, ni les bourreaux ; il ne vit plus que le Ciel. M. Ergewold annoblit davantage son ministère , et puisa dans la Religion des motifs plus nobles de consolation. Après avoir embrassé son Roi, son ami, son pénitent, un Saint, ayant à faire taire tous les sentimens les plus forts de la nature, ce Prêtre vertueux , cet ange tutélaire , par un secours surnaturel , ranimant sa voix tremblante : *Petit fils de Saint-Louis , dit-il , montez au Ciel, Jésus-Christ vous attend , et vous présente une couronne qui ne périra jamais.* Le bourreau s'empare de la personne de Louis XVI pour lui serrer les mains avec des liens. Ce fut alors seulement que, par un mouvement d'impatience et de fierté, il se souvint qu'il étoit Roi ; son confesseur, pour l'exhorter à souffrir patiemment ce traitement. « *Jésus-Christ lui-même, continua-t-il, vous a donné l'exemple, et s'est laissé attacher à la croix* ». Louis se tut, se résigna ; on entendit seulement ces mots: Pauvre Peuple... malheureux Peuple... tandis que le bourreau lioit sur la planche fatale cette auguste victime. A cette vue, M. Ergewold fondant en larmes, détourna les yeux ; aussitôt tombe la hache meurtrière : le plus exécrable des forfaits est consommé. Plus d'honneur pour nous ; un régicide nous l'enlève ; la rage des assassins n'est pas assouvie. (Aveugles et lâches Français, elle se baignera aussi dans votre sang sur cette même place, et plus d'un de ces sanguinaires spectateurs y périront du même supplice.) Le sang de notre Roi a réjailli sur nous tous ; des applaudissemens féroces, des cris de *vive la Nation ! Il est mort le tyran !* la levée en l'air des chapeaux nous proclament publiquement le Peuple le plus barbare de l'Univers. On trempe des mouchoirs dans le sang de ce Roi martyr ; on se dispute les lambeaux de ses habits et de ses cheveux ;

et , à l'aide de la chaux vive , les restes du
premier Monarque de l'Europe sont consu-
més en un moment. O Louis XVI ! ô Prince
trop vertueux et trop bon ! O Français , trop
lâches et trop perfides ! si la nature succombe, ·
si mes larmes inondent ce papier , en traçant
le récit de cette mort tragique , quel dut étre
la douleur et l'abattement des Français fidéles ,
lorsqu'après cet assassinat , le bruit des tambours et le retour de ces vils bourgeois cons-
ternés leur annoncèrent la honte et l'opprobre de la France. Ah ! le coup qui l'a frappé
a retenti dans leurs ames ; elle a retenti dans
la mienne. Depuis la consommation de ce
parricide , tous les jours de ma triste vie ne
sont plus pour moi qu'un 21 Janvier. Ce spectacle sanglant , ce sacrifice héroïque est toujours présent à mes yeux et à mon imagination ; il aggrandit mes pensées , et me les
fait détacher de dessus cette terre horrible
souillée d'un tel attentat. O Louis XVI ! quel
prix aux yeux du Ciel n'as-tu pas donné à tes
souffrances inouïes , et comme époux , et
comme père , et comme ami , et comme Roi !

Ainsi périt Louis XVI que la Postérité pla-
cera à côté des Henri IV et des Charles V ;
s'il étoit foible , quel Monarque fut jamais
plus doux , plus affable , plus humain , meil-

*

… … chaste époux, et plus digne de
… … des tems moins orageux ?
… … étoit très-instruit, et même très-
… … … avec noblesse, avec pu-
… … une facilité peu commune. Reli-
… … … il l'étoit !. Ah ! pour en bien ju-
… … … le suivre, surtout depuis sa trans-
… … de Versailles à Paris. Deux mois avant
… … fameux 20 Juin, je l'ai vu assister à la
Messe dans la Chapelle du Château des Tui-
leries : on remarquoit dans ce Prince infortuné qui dès-lors prévoyoit l'orage prêt à
foudre sur sa tête, un air mélancolique
qui cependant ne pouvoit bannir celui de la
bonté. A mesure que le Sacrifice divin de
nos Autels s'avançoit, ses maux étoient ou-
bliés, sa figure s'animoit, devenoit plus gaie
et plus rayonnante ; l'avant-goût des jouissances célestes sembloit enivrer son ame ; tous
les spectateurs émus avoient les regards fixés
sur lui, tandis que les siens se plongeoient
dans l'éternité, et ce Roi de la terre abattu,
étoit anéantit en présence du Roi des Rois.
Un reste d'appareil qui l'environnoit, sa majesté, des gardes rangés en haie dans cette
Chapelle, une douce symphonie et l'attendrissement général ajoutoient à toutes les im-
pressions vives et tendres que causoit cette

vue. Si les faveurs du Ciel se mesurent par les peines et les tourmens que la vertu essuie ici-bas, quelle doit donc être la félicité dont Dieu a mis en partage ce Roi martyr ?.... Quelles leçons cette sinistre Place de Louis XV donne aux Princes contre les Peuples ! Hélas ! je la regarde comme une terre sacrilège. Toutes les fois que j'en approche, je ne puis m'empêcher de répéter ce Quatrain que j'ai déjà fait paroître :

Français, fuyons, fuyons loin de ces tristes lieux
Où le meilleur des Rois et le plus malheureux
Sous le fer assassin termina sa carrière......
Quel fils peut, sans pleurer, voir le tombeau d'un pere ?

Malheureux Parisiens, où pouvez-vous aujourd-hui goûter les plaisirs purs de la nature ? Où pouvez-vous aujourd'hui vous délasser délicieusement de vos travaux par la promenade ? Sera-ce au Palais-royal, qui est tout à la fois Sodome, Gomorrhe, Babylone et l'arsenal des enfers. Le palais de l'infâme d'Orléans ? quelles idées de crimes vous y poursuivroient !.... C'est dans son enceinte que se sont allumées les torches de la discorde, que les pointes des poignards se sont acérées ; c'est là que des milliers de scélérats, la main haute, ont juré la honte et la perte

des Français ; c'est là où de perfides soldats
à longs sabres et à longues moustaches , nous
ont traités , comme des Mamelucs traite-
roient des Egyptiens tremblans. Partout, sur
toutes vos Places publiques , dans tous vos
lieux de plaisir on apperçoit la trace des crimes ; ils sont inscrits aux quatre coins de
cette Cité ; ils sont inscrits sur le front des
orphelins et des veuves que les échafauds ont
faits. Ici c'est une maison où des croisées on
a jetté des hommes, des Prêtres tout vivans,
dont les corps étoient reçus dans leur chûte
par la pointe des piques, et aux cris de vive
la Nation. Des monumens grossièrement gi-
gantesques attestent votre opprobre , et re-
posent sur les décombres des statues de nos
Rois.

Le Luxembourg me semble un superbe cercueil;
La pompe qui le suit, une pompe de deuil,
Où chacun doit pleurer sa liberté ravie...

C'est encore dans ce Palais que la mort en-
tassoit ses victimes ; enfin par-tout, par tout
votre imagination ne doit vous peindre que
de pâles ombres , des géoliers, des cadavres,

---

(1). Le Peuple danse sur les tombeaux. Allez au
Jardin des Carmes , où l'on égorgeoit il y a quatre ans,
on s'y réjouit actuellement , et l'on y foule d'un air
folâtre , une terre arrosée du sang des martyrs.

des têtes sanglantes , des furies , des bourreaux et des guillotines. Chacune de ces idées
horribles doit enfoncer dans votre cœur un
trait qui le déchire.

N'appellez plus Paris , un enclos de murailles ;
Que ses proscriptions comblent de funérailles.

Les années , depuis 1640 jusqu'à 1649 , furent fatales à bien des Empires. En Turquie ,
deux ou trois Sultans furent détrônés, ren-
fermés et étranglés. Un Empereur de la
Chine , s'arracha la vie. Ce grand Empire fut
conquis par les Tartares. L'Indostan, et la plus
grande partie des Indes orientales furent bou-
leversés. Jamais les révolutions en Afrique ne
furent plus communes. Un Roi eut la tête
tranchée en Angleterre , et une république
s'établit dans cette Isle à l'ombre du protec-
torat de Cromwel. La Russie venoit de se
baigner dans son sang , et de se battre pour et
contre les faux Démétrius. La France étoit
en conbustion , et la guerre civile de la Fron-
de , jointe à la guerre contre les Espagnols ,
pouvoit devenir plus sérieuse par la contagion
de l'exemple qu'offroit l'Angleterre. L'Allemagne étoit épuisée par la longue guerre de
50 ans ; toute l'Europe étoit en feu et en
alarmes.

Les années depuis 1789 jusqu'en 1797 furent

bien plus funestes encore. Un Roi de Suède est assassiné. La Monarchie française est détruite: son dernier Roi envoyé à l'échafaud. La Hollande est envahie et républicanisée à la Française ; son Stathouder s'enfuit ; un Roi de Pologne est culbutté du Trône , et ses États sont démembrés et partagés. Une partie de l'Italie est subjuguée , et devient plus malheureuse qu'elle ne le fut dans les guerres de Totila et de Narsés. l'Empire aux abois lutte contre sa destruction prochaine , s'il ne se hérisse de combattans. La mort plane partout. Le levain des révolutions fermente en Turquie. L'Amérique , par la révolte des Nègres et le massacre des Blancs, devient un s jour inhabitable. Il n'est pas jusqu'à la Chine et au Thibet , où le contre-coup de notre Révolution ne se fasse sentir ; son écho s'est prolongé jusqu'aux confins de la terre ; on ne voit plus que des Princes sur des Trônes chancelans. *L'Univers vacille et menace ruine.*

Qui peut prévoir le sort destiné à ville de Paris , qui déjà a été affligée par la plus cruelle des famines ?

Un incendie terrible dévora presqu'en entier la Ville de Londres en 1666 , quatorze années après la mort de Charles I. On ne sera peut-être pas fâché de revoir les vers de Bensérade , à ce sujet.

(115)

Le crime qu'elle a fait , est un crime odieux ,
A qui jamais d'en-haut la grace ne s'octroye ;
Le soleil n'a rien vu de si prodigieux ,
Et je ne pense pas que l'avenir le croye.
L'horreur ne s'en pouvoit plus long-tems soutenir ,
Et le ciel accusé de lenteur à punir ,
Aux yeux de l'univers se justifie :
On voit le chatiment par degrés arrivé ,
La guerre suit la peste , et le feu purifie
Ce que toute la mer n'auroit pas bien lavé

Autres vers composés le jour de la mort de Louis XVI.

AIR : *Jupiter , prête-moi ta foudre.*

Autrefois de ton arche sainte
Tu frappas l'insolent soutien.....
Hélas ! ils font périr sans crainte
Un Roi qui te peignoit si bien.

La Maison d'Espagne , branche de celle des
Bourbons , méritera plus que toute autre famille royale de l'Europe , les malheurs qui
sont prêts à fondre sur elle. Quels reproches
n'a-t elle pas à se faire, elle a , au nom de qui
Philippe V , en quittant la France , avoit promis solemnellement qu'il n'y auroit plus de
Pyrennées ? Oui , aujourd'hui il n'y a plus de
Pyrennées , mais c'est pour la République
française , une et indivisible. Ah ! Si l'ombre
fière de Louis XIV pouvoit s'élancer du tombeau jusqu'aux pieds du Trône du Monarque

espagnol, quelle seroit l'indignation que lui causeroit une telle ingratitude ? Est ce pour contracter une pareille alliance avec les meur-triers des Bourbons de France, qu'il a sacrifié en faveur de ceux d'Espagne ses trésors et ses armées ? Valladolid, Tolède ou Madrid peu-vent aussi bien que notre Patrie, malgré le tribunal de l'inquisition, enfanter des Marat, des Danton et des Robespierre. Qu'il se per-suade d'avance, dans le siècle où nous sommes, que les Peuples sont trop bien stimulés pour laisser infructueux les exemples des Français et des Anglais, et que dans une révolution, il n'en seroit pas quitte, comme Vamba, un de ses ancêtres, pour être déchu de la Cou-ronne et être relégué dans un Cloître ; oui, dans le siècle ou nous sommes, il ne descendra du Trône que pour monter sur l'échafaud.

En général, tout dans la nature se rapporte ; la tyrannie est l'hiver des Empires. La vertu se ranime à l'aspect d'un Prince juste ; c'est pour eux le soleil levant qui dissipe les té-nèbres, fait fondre les glaces, et échauffe dou-cement la terre pour la fertiliser. La Mo-narchie, qui est l'image de cet astre bienfai-sant, existe toujours en France dans l'ancien attachement du Peuple qui compare son bon-heur passé avec les maux actuels. Recherchez et étudier les causes qui ont occasionné sa disparition , c'est renouveller les playes de nos maux , et d'ailleurs , en voyant le tissu d'horreurs de notre révolution , qui seroit tenté de répéter avec plaisir ,

Felix qui potuit rerum cognoscere causas !

CONCLUSION.

Songez , ô Français qui conservez encore les vertus dont s'honoroient nos bons aïeux , qui aimez véritablement votre Patrie , que la Religion seule est notre soutien sur la terre , et que toutes les institutions humaines doivent s'en faire un appui. Voyez ce que la science orgueilleuse des Philosophes a produit parmi nous. L'instruction , loin d'être utile , nuit à l'homme qui n'en use comme eux , que pour fouler aux pieds la Divinité , opprimer ses semblables , et présenter au monde l'exemple du dérèglement et du désordre dans lesquels l'orgueil entraîne les foibles mortels. Voyez combien ceux qui s'éloignent du respect pour elle sont à plaindre. Voyez combien ils deviennent faux , trompeurs , perfides , et scélérats au point d'immoler un bon Roi , dont le caractère vertueux représentoit si bien cette

Divinité. Jamais les lauriers dont le berceau de notre République est ombragé, ne seront assez multipliés et assez épais, pour que leurs rameaux dérobent la vue de cet attentat. Qu'est la gloire des armes ? puisqu'elle appartient ici bas aussi bien et même plus aux méchans qu'aux bons (1), et que d'un chef de

----

(1). Quelle gloire, grand Dieu ! les yeux ouverts sur l'antiquité ; je vois l'acharnement des Peuples armés les uns contre les autres, et qui ne semblent se réunir dans les mêmes plaines pour se battre, que pour se disputer en un même jour les mêmes tombeaux. Ce qu'il y a de plus affreux dans le cœur humain, c'est qu'il est insatiable de narrations tragiques ; les évènemens ordinaires qui ne dérangent pas toutes les affections de son être, et qui ne sont que la peinture d'un Gouvernement tranquille et sage, ne sauroient le satisfaire. Il lui faut absolument des récits de bataille, de révolution, de meurtres et de carnage. On saute bien vite les pages de l'Histoire qui nous entretiennent des actions vertueuses. Alexandre, Gengis-Kan et Thamas sont des conquérans ; eh bien ! ils sont plus renommés que les Rois qui ont été les pères de leurs sujets. La réputation d'un bon Prince n'est que dans le cœur de quelques savans. On parle de Titus, mais parle-t-on beaucoup de Tibère, dont l'humeur pacifique, et les vertus firent le bonheur des Grecs du bas Empire. Sur cette malheureuse terre, le crime est déifié presque toujours aux dépens de la vertu, et son immoralité semble être plus enviée par les ambitieux, parce qu'elle semble être plus sûre.

brigands elle en fait aussitôt un conquérant et un héros. Si Dieu fait écrouler les empires, s'il dispose à son gré des élémens, il punit aussi, tôt ou tard, les ingrats et les monstres. Les malheurs de la Révoluion doivent nous rapprocher de plus en plus de lui. Quand les hommes vous abandonnent et vous persécutent, ou que vous languissez dans la misère, dans ce délaissement, à qui auriez-vous recours, si ce n'est à lui seul, dont les bras sont toujours tendus et ouverts pour recevoir ses enfans tourmentés dans cette vallée de larmes? La Religion orne toutes les qualités du cœur et de l'esprit, et donne du relief à la valeur. On aime cent fois mieux voir le brave Chevalier Bayard au champ d'honneur embrasser religieusement son épée, s'en servir en forme de Croix, et mourir avec la résignation d'un agneau, après avoir été un lion généreux contre les ennemis. que ce guerrier valeureux mais impie qui, avant d'expirer, lance encore un regard d'insolence vers le ciel. Les Duguesclin, les Turenne et les Condé si terribles dans les combats n'en étoient que plus humbles et plus soumis aux pieds des Autels? Vaut-il mieux prendre pour modèles ces prétendus esprits-forts qui, aux approches de la mort, se sont tordus les bras et déchiré les entrailles de désespoir, que ces grands hommes qui ont fait profession de douceur et de religion, et qui sont morts avec calme et sérénité ? Comme les premiers nous l'ont dit avec raison : la terre est un pré que la mort ne cesse de faucher. A quoi bon tous leurs systémes, toutes leurs disputes et tous leurs projets ? Croient-ils par-là l'éviter ?

L'état d'humiliation qui annonce la décadence et la ruine des choses temporelles, annonce au contraire l'élévation et l'agrandissement des choses spirituelles. Quel est le Prince fugitif en Europe qui puisse, sans attendrissement, entrer dans un Temple, et y entendre chanter ces cantiques aussi sublimes que pathétiques, où à chaque verset l'Auteur sacré semble vouloir le désigner ? Le *qui deposuit potentes de sede etc.* ne doit-il pas aller jusqu'à son ame ? Ne doit-il pas s'en faire l'application ? Et cette leçon ne doit-elle pas frapper le cœur de tous les Souverains ? Hélas ! leurs palais ne sont plus que des cavernes, dont on les arrache pour les traîner à l'échafaud.

FIN.